TRUCS DE TOQUES

Michèle Duby

TRUCS DE TOQUES

1000 ASTUCES QUI FONT LA DIFFÉRENCE

Albin Michel

Du même auteur

Femmes chefs, Actes Sud, 2004.

Pour des raisons de lisibilité, nous avons choisi d'écrire
les marques déposées avec une majuscule, sans les faire suivre du sigle ™.

SOMMAIRE

INTRODUCTION

Les chefs ont plus d'un tour dans leur cuisine. Pour gagner du temps, améliorer une recette, faire évoluer une sauce, un velouté, une crème.

Ils savent qu'une pincée de 4-épices, trois feuilles de verveine, une gousse de vanille là où on ne l'attend pas, une longue cuisson au four plutôt qu'en cocotte peuvent sublimer un plat. Glisser une étoile d'anis dans l'eau de cuisson du riz, ça n'est pas grand-chose, mais ça change tout.

Les maraîchers, les bouchers, les charcutiers, les poissonniers ont aussi leur mot à dire. Ils aiment parler de leur métier et livrent volontiers leur connaissance des produits, leur savoir-faire.

En pâtisserie, tout est au gramme près. Les maîtres mots sont « précision », « rigueur », « doigté », « persévérance ». Un échec est positif ; on ne lâche pas prise, on s'entraîne, on recommence.

Découvrez les tours de main de ces professionnels, leurs astuces, trucs et conseils qui contribuent à la réussite d'un plat, d'une cuisson, d'une sauce, d'une pâte à tarte, d'un glaçage, d'un caramel... et tentez quelques-unes de leurs recettes.

GLOSSAIRE

Beurre clarifié

C'est un beurre fondu et débarrassé de ses impuretés. Il peut ainsi cuire sans brûler jusqu'à 180 °C. On fait chauffer à petit feu 250 g de beurre doux dans une casserole sans remuer. Il se forme une mousse sur le dessus – la caséine – ; on l'ôte délicatement. On fait couler doucement le gras à travers un chinois dans un pot en verre, le petit-lait reste au fond de la casserole. On conserve ce beurre plusieurs semaines au réfrigérateur.

Beurre mousseux

C'est le beurre juste fondu, encore tiède, quand des bulles commencent à apparaître.

Beurre noisette

C'est un beurre chauffé doucement : l'eau s'évapore, des bulles se forment, il crépite. Quand il arrête de « chanter », il se colore comme un caramel châtain clair et dégage une odeur de noisette. On stoppe la cuisson, on le filtre. On n'y touche pas pendant la cuisson. Il remplace le beurre fondu, goût de noisette en plus.

Beurre sec

Ce beurre, utilisé par les pâtissiers, contient moins d'eau et a un point de fusion plus élevé que les autres. Les beurres des Charentes ou des Deux-Sèvres sont conseillés. On l'utilise bien froid, on le façonne en carré et on le travaille sur une surface fraîche.

Blanchir

Plonger un ingrédient quelques minutes dans l'eau bouillante, puis le refroidir avant de le cuisiner autrement.

Chemiser

Enduire l'intérieur d'un moule d'une préparation (ou de papier de cuisson) pour faciliter le démoulage. En pâtisserie, on beurre puis on poudre généralement de farine avant de verser la pâte à gâteau.

Décuire un caramel

Ajouter à un caramel ambré, hors du feu et avant qu'il ne prenne, un liquide chaud (par exemple de la crème liquide, du café, de l'eau, du jus de fruit...) tout en fouettant.

En chemise

Se dit de l'ail ou de l'oignon cuits dans leur peau.

Fraiser

Aérer une pâte pour empêcher qu'elle ne se rétracte à la cuisson. On l'écrase avec la paume de la main sur le plan de travail, on la remet en boule, on recommence une fois. Une pâte trop malaxée sera dure. On peut l'utiliser immédiatement ou la réserver en boule au froid.

Persillée

Se dit d'une viande parsemée de filaments graisseux légèrement jaunes. Cette viande est tendre et savoureuse.

Rafraîchir

Passer un ingrédient sous l'eau froide après cuisson à l'eau bouillante pour en stopper la cuisson. On rafraîchit les légumes pour qu'ils soient croquants et conservent leur couleur.

ASTUCES POUR BIEN COMMENCER

ON S'ÉQUIPE

Précision et gain de temps

◆ L'**éplucheur à dents crantées** à double lame (ou épluche-tomate) pèle finement tomates, poivrons, mangues, pêches, kiwis et zestes d'orange, de citron.

◆ L'**éplucheur-étrier**, outil numéro un des chefs, épluche rapidement carottes, navets, panais, concombres, grosses pommes de terre.

◆ On émulsionne et on fouette vinaigrettes, sauces, œufs, en trois tours de **cuillère magique**.

◆ On réussit sans grumeaux la béchamel, les pâtes à crêpes, la crème pâtissière... avec le **fouet à spirale**. Il épouse le fond et les côtés des récipients.

◆ On badigeonne au **pinceau** de beurre, de jaunes d'œufs... les légumes, les gâteaux, les moules.

◆ Le **rouleau pique-vite** pique les pâtes sans les transpercer.

◆ La **corne de pâtissier** – petite spatule plate en demi-cercle – et la **maryse** mélangent en les soulevant les blancs en neige et les pâtes fragiles. Elles facilitent aussi le passage au tamis de crèmes, soupes...

- On utilise la **mandoline** pour tailler en julienne, émincer en lamelles. On la choisit robuste, stable, sécurisée. La qualité française est conseillée.

- La **râpe pyramidale**, bien calée sur ses pieds, taille en julienne, râpe le fromage et les zestes.

- Pas de velouté ou de coulis soyeux sans **chinois**, ou passoire à grille ultra-fine.

Empruntés aux chefs

- On vole aux chefs le petit **minuteur clip** fixé au tablier ou autour du cou. Il prévient quand le soufflé est prêt.
- On pèse au gramme près avec la **balance électronique.**

- Pour une cuisson précise, on adopte le **thermomètre alimentaire à sonde** pour contrôler la température au cœur des viandes, poissons, terrines. Il indique la température de 0 à 120 °C.

- Le **thermomètre à sucre** muni d'une spatule donne la température tout en cuisant le chocolat, le caramel. Il indique la température de – 40 à 200 °C.

- Le **chalumeau** de cuisine caramélise les crèmes brûlées, épluche les légumes (poivrons, tomates), flambe les volailles.

- On se lance dans les émulsions au **siphon** pour mettre à notre carte des mousses aériennes. On lit bien la notice de mise en service sous peine de catastrophes.

Écraser, hacher, mixer

- Le **mixeur plongeant** est incontournable pour lisser les crèmes, purées, veloutés.
- Le **robot hachoir** compact, d'un litre et demi maximum, broie tout sans prendre de place.
- On ne laisse pas aux oubliettes le **moulin à légumes** manuel, encore utilisé par les chefs. Il n'a pas son pareil pour donner des purées onctueuses.

Matériel de cuisson

- Pas de **cuisson réussie** sans matériel offrant une parfaite conductibilité de la chaleur et n'attachant pas. Les chefs conseillent le tout-inox épais, la céramique, la fonte pour les cocottes, des poêles lourdes à fond épais. Le matériel français propose d'excellents produits.
- Pour éviter que l'inox ou la fonte n'attachent, on frotte l'intérieur des récipients avec du gros sel.
- Le **wok** fait merveille pour cuisiner rapidement légumes, poulet, crevettes, viandes, poissons. On le choisit tout inox. On évite tout matériel anti-adhésif qui ne porte pas la mention « sans PFOA », un acide toxique pour les aliments.
- La **brique**, le **diable** ou la **cocotte en terre** avec couvercle cuisent doucement au four viandes, volailles, légumes, sans ajout de matière grasse.

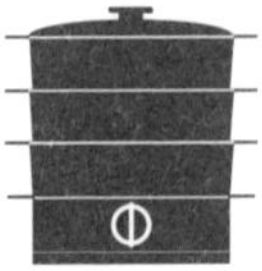

◆ On garde toutes les saveurs des aliments avec le **cuit-vapeur**. En bambou, inox, émail, il cuit sans matière grasse, rapidement, légumes, viandes, poissons. Pour que les aliments ne collent pas, on couvre le fond d'un papier de cuisson troué.

◆ Le **rice-cooker** s'occupe de tout. La cuisson terminée, il s'arrête tout seul et tient le riz au chaud aussi longtemps qu'on le souhaite.

Pâtisserie facile

◆ À l'achat, on vérifie que les **moules en silicone** ne dégagent pas d'odeur désagréable. Si une marque blanche apparaît quand on les tord, c'est qu'ils ne sont pas 100 % en silicone. On choisit ceux qui tolèrent d'être chauffés jusqu'à 280 °C, pas en dessous. On vérifie leur provenance en lisant les premiers chiffres des codes-barres : France de 30 à 37, Chine de 690 à 695.

◆ On démoule facilement les tartes délicates avec les **moules à fonds amovibles.**

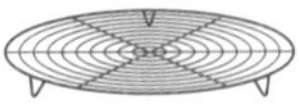

◆ La **grille** ou **volette à pâtisserie** avec pieds est pratique pour le glaçage des gâteaux (cf. p. 155).

◆ On a sous la main des **feuilles de cuisson** jetables prédécoupées, anti-adhésives, pour cuire les pâtisseries au four, les papillotes à la vapeur, réchauffer au micro-ondes ou refroidir au congélateur.

- On cuit directement les pâtisseries sur un **tapis de cuisson**. Il supporte des températures de – 60 °C à + 260 °C. Réutilisable, il se lave à l'eau savonneuse ou au lave-vaisselle.

Dressage de chef

- On adopte les **cercles** de cuisine pour de jolies présentations. Tartares, daubes en gelée, bavarois ont belle allure dans l'assiette.
- On se sert d'une **cuillère à glace** pour mouler riz, purées, farces.
- On s'entraîne à la **poche à douille** jusqu'à faire aussi beau que les chefs.

ON S'ORGANISE

Les justes proportions

◆ On dose les petites quantités de sel, sucre, farine, liquide, **sans sortir la balance** :
– un pot de yaourt = 15 cl
– un verre classique = 20 cl
– une cuil. à soupe de farine, de sucre, de sel = 15 g
– une cuil. à café de sel, de sucre = 5 g
– un morceau de sucre = 5 g
– une pincée de sel = 3 g.

◆ On révise la **règle de 3**. On souhaite faire un gâteau pour 6 personnes, si la recette est pour 8, on applique la règle de 3 pour chaque ingrédient :

On divise les quantités par le nombre de personnes de la recette d'origine et on multiplie le résultat par le nombre de convives de la recette adaptée. Exemples : 600 g de farine pour 8, c'est 450 g pour 6 ; 200 g de beurre pour 8, c'est 150 g pour 6 ; etc.

Pour 8 personnes	Pour 6 personnes
600 g de farine	600 g ÷ 8 pers. = 75 g par pers. 75 g x 6 pers. = 450 g
200 g de beurre	200 g ÷ 8 pers. = 25 g par pers. 25 g x 6 pers. = 150 g

- On équipe ses bouteilles d'**huile** et **vinaigre** d'un bouchon verseur pour un dosage à la goutte près. En verre pour le vinaigre, en métal pour l'huile.

Bien pratique !

- On glisse un **torchon** dans la ceinture de son tablier pour éviter les allers-retours dans la cuisine.
- On a des **pinces** pour retourner les ingrédients dans les poêles. Ou des **baguettes.** Un peu d'entraînement et on ne s'en sépare plus.

- On se sert d'une petite **brosse douce** pour nettoyer légumes, champignons, truffes.
- On se frotte les mains avec le **savon magique** en inox. Il fait disparaître instantanément les odeurs désagréables d'ail, d'oignon, de poisson.

- On a toujours sous la main des **moules jetables** de toutes tailles, en papier, carton, aluminium alimentaire pour conserver, cuire, congeler.
- Le **papier de cuisson** en rouleau est indispensable pour préparer les papillotes, chemiser les moules, étaler une pâte, cercler les pots de confiture...
- À propos du **papier aluminium** alimentaire dont se servent au quotidien la plupart des chefs, on est attentif à bien l'employer : c'est le côté mat que l'on met en contact avec les aliments. Attention à ne jamais utiliser d'ingrédients acides (citron, vinaigre). On lui préfère le papier de cuisson pour cuire.

Gain de temps

- Pour gagner quelques secondes, on ne sale un liquide qu'au moment de l'**ébullition**, car le sel ralentit la montée en température.
- Comme les chefs, **on coupe au couteau** carottes, aubergines, poivrons, poireaux, oignons... en rondelles, bâtonnets, julienne. On utilise un couteau à grande lame courbe et une planche. On tient fermement d'une main, les doigts repliés à l'intérieur, les légumes entiers ou taillés en lanières, ou les herbes, et on coupe en faisant un mouvement de balancier. La lame glisse vers l'avant sans que la pointe ne se soulève du plan de travail. On s'entraîne en commençant doucement jusqu'à atteindre la vitesse des pros.

À la perfection

- On **goûte** encore et encore, pour arriver à la juste saveur.
- On choisit des **poêles** de couleurs ou de formes différentes pour ne pas transmettre les goûts à la cuisson. On leur attribue une fonction : la poêle à œufs, la poêle à poisson...
- On apprend à maîtriser la **cuisson d'un steak** au toucher : sous la pression du doigt, une viande bleue est souple ; saignante, elle est moelleuse et légèrement résistante ; à point, elle est ferme ; cuite, elle est dure.
- On utilise la technique de la goutte d'eau quand on se sert d'une **poêle en inox**. On chauffe la poêle, on fait tomber une goutte d'eau à la surface : si elle grésille, la poêle n'est pas assez chaude ; si elle éclate en multiples billes, on démarre la cuisson.

À l'avance

- On prépare le **beurre clarifié** (cf. p. 8). Il peut ainsi cuire sans brûler jusqu'à 180 °C. On conserve ce beurre plusieurs semaines au réfrigérateur.
- La **sauce hollandaise** et la **béarnaise** ne supportent pas d'attendre, au risque de nous jouer un mauvais tour. Si on tient à les préparer à l'avance, on les verse dans une bouteille isotherme.

On ne gâche rien

- La **boîte de conservation** hermétique avec pompe manuelle fait le vide en évacuant l'air intérieur. On y conserve les aliments plus longtemps.
- On ne jette pas les morceaux de **pain rassis**. On les passe au grille-pain pour les rendre croustillants et on les transforme en chapelure en trois impulsions de mixeur.
- Pour ne pas perdre des **jaunes d'œufs**, on les bat très brièvement avec un peu de sucre ou de sel, en fonction de l'utilisation prévue. Et on les congèle. On les décongèle pendant 12 h au réfrigérateur ou sous l'eau froide. On ne les utilise que dans des préparations à cuire.
- On peut aussi congeler les **blancs d'œufs**. On dépose chaque blanc dans le compartiment d'un bac à glaçons. On les décongèle au réfrigérateur et on les utilise normalement.

LES ÉPICES ET LES HERBES

PAROLES DE CHEFS

« TOUCHER, ÉCOUTER, REGARDER, RESPIRER LES ODEURS, GOÛTER. LA CUISINE EST UN UNIVERS DE COULEURS, DE SAVEURS, D'ODEURS, DE SENSATIONS. »

Alain Duval,
de La ferme de Malte,
à Villedieu-les-Poêles

LES ÉPICES

Les choisir, les conserver

- On a une vingtaine d'épices dans ses placards pour faire voyager nos recettes en leur apportant des **saveurs magiques** : cardamome, anis, cumin, fenouil, coriandre, genièvre, aneth, baies roses, deux ou trois poivres aux arômes différents, poudre de paprika, noix muscade, 4- et 5-épices, fève tonka, pâte de curry, clous de girofle, bâtons et poudre de cannelle, anis étoilé, piment d'Espelette, bâtons de réglisse, gousses de vanille.
- On ne craque pas sur les marchés devant les étals d'épices colorés. Les graines et les poudres **exposées à l'air** perdent parfum et saveur.
- On **conserve** les graines dans un bocal en verre hermétique, à l'abri de la lumière et de la chaleur. On les broie au moment de les utiliser.

Les préparer, les cuisiner

- On chauffe ou on **grille les graines à sec** pour en exhaler les parfums.
- Pour préparer une infusion d'épices dans du lait, du bouillon, un sirop, on enferme les graines ou les racines dans une **boule à thé** ou un filtre à thé jetable.

LES ÉPICES FRAÎCHES

Les choisir, les conserver

- Les épices fraîches – **citronnelle, piments, feuilles de curry et de limettier (citron vert)** – se conservent 1 semaine au réfrigérateur enveloppées dans un emballage hermétique. On peut les congeler.
- Les racines de **gingembre, curcuma, galanga** et la **citronnelle** se conservent 2 à 3 semaines au réfrigérateur, entourées de papier absorbant ; l'humidité les pourrit.
- Un **piment frais** entamé se conserve 5 à 6 jours au réfrigérateur. Au-delà, il perd sa saveur et son piquant.

Les préparer, les cuisiner

- On enlève les premières feuilles de la **citronnelle**, on coupe le bulbe en rondelles ou en tronçons.
  - On garde les feuilles et la tige pour parfumer les bouillons et les fumets de poissons et coquillages, les marinades de crevettes, poulet, poisson.
  - On l'associe au gingembre, à la cardamome, pour cuire les fruits.
- On pèle les racines de **gingembre** ou de **galanga**, son petit-cousin, avant de les râper ou de les couper en lamelles.
  - On les utilise sans modération pour apporter une note asiatique aux salades, légumes crus ou cuits, marinades, viandes, poissons, bouillons, compotes.
  - On en parfume les gâteaux, biscuits, ganaches, sirops.

Idée gourmande

- Vite fait, le bouillon thaï, pour cuire légumes, crevettes, poulet...

Pour 1 l d'eau il faut : 1 tige de citronnelle fraîche coupée en deux ou trois, 3 à 4 cm de gingembre, 1 échalote, 1 rondelle ou 1/2 piment vert si on le veut corsé, 5 cl de sauce soja. Après 5 min d'ébullition, on y plonge les ingrédients pour 5 min... et on parsème de basilic thaï ciselé. C'est comme là-bas !

LA CANNELLE

La choisir, la conserver

- On choisit la **cannelle** en bâtons ou en poudre. À l'air, elle perd vite ses arômes ; on la conserve dans un bocal, à l'abri de la lumière.

La préparer, la cuisiner

- En poudre, on l'incorpore aux sauces, aux crèmes ; on en poudre les salades de fruits, oranges, kiwis, noix.
- On la mélange à du sucre en poudre pour caraméliser une tarte aux pommes ou aux questches.
- On fait infuser 15 min les bâtons pour parfumer du lait, une crème, du vin chaud, un sirop...

LA CARDAMOME

La préparer, la cuisiner

- On écrase légèrement les gousses vertes de **cardamome** pour en extraire les graines aux arômes de citron et de pin. On les place entre deux feuilles de papier de cuisson pour les écraser au rouleau à pâtisserie.

- **Infusées** dans du lait chaud ou de la crème fleurette, elles parfument les desserts, crèmes, glaces, riz au lait.
- La cardamome **s'associe** à la vanille, à la cannelle, au gingembre, au café, au chocolat.
- On en **croque** les petites graines noires pour oublier un goût d'ail prononcé.

Idée gourmande

- On surprend en en poudrant légèrement un **risotto** ou une **compotée d'oignons**.

LE POIVRE

Le choisir, le conserver

- On achète les poivres **en grains**. Ceux en poudre, moins parfumés, se conservent peu de temps.
- On les **conserve** à l'abri de l'humidité, de la chaleur, de la lumière. On les met en moulin au fur et à mesure de leur utilisation.
- Les **poivres** sont des exhausteurs de goût. Blanc, vert, noir, rouge, ils constituent autant de parfums différents pour relever viandes, poissons, desserts. On les ajoute au dernier moment.

Le préparer, le cuisiner

- Le **poivre de Kampot** noir, épicé et fruité rehausse une viande saignante. Le rouge aux notes de caramel, miel, vanille est un poivre de dessert. Les senteurs de citron, muscade, thym et cèdre du kampot blanc conviennent aux poissons.

- Deux ou trois tours de moulin de **poivre de Sarawak** aux arômes fruités sur un magret de canard, un pavé de thon, un foie gras poêlé, des fruits caramélisés au beurre changent la donne.
- Le **sarawak à queue** se râpe comme la muscade.
- Pour corser son poivre habituel, on le mélange dans le moulin à du **poivre à queue cubèbe** au parfum de clou de girofle, peu piquant. Chocolat et pommes sont ses favoris.
- Les arômes ambrés, musqués, boisés du **poivre blanc de Penja** persistent longtemps en bouche. Il apporte une note fruitée aux salades, s'accorde avec le foie gras, les œufs, les volailles.

Les faux poivres

Les faux poivres – baies roses, poivre de Sichuan, poivre de la Jamaïque – réveillent les plats de notes épicées :

- Le **poivre de Sichuan**, citronné et boisé, est utilisé dans la cuisine asiatique. On en poudre foie gras et volailles, fruits cuits et chocolat.
- On n'écrase ni ne moud les **baies roses** aux saveurs sucrées, poivrées mais non piquantes : on les émiette. On ne les cuit pas. Un soupçon suffit pour apporter couleur et subtilité à un carpaccio de poisson, une salade, une viande blanche, un fromage...
- Le **poivre de la Jamaïque** est peu piquant. Ses saveurs de cannelle, girofle, muscade, poivre noir se glissent avec bonheur dans les plats salés, ragoûts, soupes, lentilles, ou dans les pâtisseries, pain d'épices, gâteaux, compotes. On le moud au moulin.

LE SAFRAN

Le choisir, le conserver

- On achète le safran **en stigmates**, jamais en poudre, et de préférence dans un emballage en verre. Le **rouge** est le meilleur.
- On vérifie que le safran n'est pas humide en secouant le bocal. Les pistils doivent se détacher et sonner sur la paroi en verre. On le **conserve** dans son emballage d'origine, à l'abri de l'air et de la lumière.

Le préparer, le cuisiner

- Pour développer les arômes du safran, on infuse les pistils dans de l'eau, du bouillon, du lait, de la crème environ 1 h (2 pistils par personne dans 10 cl de liquide tiède).
- Le safran parfume poissons, viandes blanches, légumes. Il s'accorde avec le gingembre, la réglisse.

Idées gourmandes

- On étonne avec une **crème brûlée** au safran.
- On accompagne le poisson d'une **sauce safranée** aux légumes :

  On fait revenir à l'huile d'olive 1 oignon émincé avec 1/2 gousse d'ail écrasée, 3 ou 4 échalotes, des petites courgettes et du fenouil coupés en dés. On mouille avec 4 pistils de safran infusés dans de l'eau tiède, du sel, du poivre. On laisse compoter doucement, on mixe le tout.

LA VANILLE

La choisir, la conserver

- On choisit les gousses de **vanille** noires, brillantes, souples, ni fendues, ni cassantes. On évite celles présentées dans un tube en verre fermé d'un bouchon de liège. Perméable à l'air, il favorise la moisissure.
- Achetées en nombre, on les lie **en bouquet**, on les enveloppe de papier de cuisson, on les serre au maximum dans un bocal ou une boîte fermés, pour éviter le contact avec l'air. Les gousses se conserveront 6 mois sans perdre leur parfum, à l'abri de la lumière.
- Le **givre blanc** qui peut apparaître sur les gousses est de la vanilline pure. C'est un signe de qualité et de parfum exceptionnels.

La préparer, la cuisiner

- On prépare du **sucre vanillé** : dans un bocal en verre, on met 1 kg de sucre en poudre avec 2 gousses de **vanille** fendue. Après 15 jours, c'est prêt à aromatiser crèmes, yaourts et gâteaux.
- On ne jette pas les **gousses utilisées**. On les lave, puis on les sèche. Quand elles sont cassantes, on les broie au mixeur pour obtenir une poudre qui parfumera les desserts.

Idée gourmande

- Une gousse de vanille glissée dans une **papillote de poisson**, c'est inattendu et délicieux.

AUTRES ÉPICES OU CONDIMENTS

Les préparer, les cuisiner

- L'**anis étoilé**, ou badiane, aromatise les bouillons, l'eau du riz, les légumes, le poulet, le porc, le poisson. Infusé dans du lait ou de la crème, il parfume les desserts, crêpes, crèmes, gâteaux.
- Le **clou de girofle** est une épice à tout faire pour aromatiser bouillon, viande mijotée, dessert, vin chaud. Elle se marie heureusement à la cannelle et à la cardamome.
- On écrase ou on moud les graines de **coriandre** à chaque utilisation, au moulin ou écrasées comme la cardamome. On les grille à sec pour en exhaler les parfums. On en saupoudre salades, légumes, riz, poissons, viandes, sans modération.
- Ni trop ni trop peu, on dose le **cumin** en goûtant.
  - Il parfume l'eau de cuisson des lentilles et des carottes, les tajines d'agneau, la pâte à tarte brisée, la ganache des truffes, la salade d'oranges.
  - Il se mélange à toutes les épices sans risque.
- Le **curcuma**, c'est l'Inde sur la table. Il colore plus qu'il ne parfume.
  - On l'utilise pour une mayonnaise.
  - Il s'entend bien avec le basilic.
- La poudre et la pâte de **curry vert** sont très fortes. On utilise la **jaune** ou la **rouge** dans les currys.
  - On l'associe au lait de coco qui l'adoucit.
  - Le curry donne du peps aux soupes, au riz, aux pâtes, accompagne les coquillages, moules, huîtres chaudes, crevettes sautées.

- Le **fenouil** en graines est l'ami du poisson. Il parfume les fumets, les poissons au four. On l'essaie en poudre avec les salades de champignons, d'endives, de fenouil et de carottes.

- On utilise avec légèreté la **fève tonka** au goût intense d'amande, de vanille, de caramel, de tabac.
  – Râpée, elle parfume en une pincée les poissons et les coquillages.
  – On surprend avec un dessert pommes-poires caramélisées nappé de crème anglaise à la fève tonka.

- La noix **muscade** aromatise en douceur. Pas de gratin dauphinois ou de macaronis sans elle.
  – On l'aime avec les purées, soufflés, quiches, viandes blanches. La saveur citronnée et sucrée de la fleur de muscade – ou macis, enveloppe fine qui entoure la noix – est plus subtile que celle de la noix.
  – Elle parfume les desserts, fruits poêlés, chocolat, tartes aux pommes, au citron.

- La poudre de **paprika** colore les sauces, relève les plats sans piquer.
  – On la choisit forte pour le goulasch.
  – La mayonnaise prend une jolie couleur avec une pincée de paprika et accompagne avec gourmandise les beignets de calmars, crevettes, gambas.

- On ne résiste pas aux **piments d'Espelette** flamboyants suspendus sur corde.
  – On les utilise frais, coupés en lanières fines, pour relever une omelette, une sauce, une marinade, un bouillon. On les ajoute en fin de cuisson.
  – Secs, on les broie avec les graines pour faire de la poudre.
  – Un piment frais entamé se conserve 1 semaine dans le bas du réfrigérateur, emballé dans un sac en papier.

◆ On rôtit à la poêle, à sec, les graines de **sésame** ; on attend qu'elles refroidissent pour les moudre. On change le goût d'une panure en mélangeant chapelure, sésame grillé et 1 pincée de 5-épices. On en enrobe des blancs de poulet ou des pavés de poisson passés dans l'œuf battu avant de les faire frire.

◆ Le **sumac** est une épice aux saveurs fruitées et acidulées. Il parfume en douceur les poissons, les fruits de mer, les brochettes d'agneau, le poulet... On ne le fait pas cuire, on le saupoudre sur les plats.

Mélanges d'épices

◆ La poudre de **4-épices** embaume discrètement tout ce qu'elle touche.
- Une pincée suffit dans la béchamel, les gratins, les purées.
- On ne l'oublie pas quand on assaisonne le foie gras cru ou cuit.
- Sa composition est variable. La plus classique : poivre, muscade, girofle, cannelle. On en trouve parfois avec en plus gingembre ou piment de la Jamaïque.

◆ Pas de cuisine asiatique sans poudre de **5-épices**, mélange de badiane, fenouil, girofle, cannelle, poivre de Sichuan.

Idées gourmandes

◆ On prépare une **poudre pour pâtisserie** qui parfumera les desserts (cakes, pâtes à tarte sucrées pour biscuits, gâteaux au chocolat) ou qui sera utilisable en infusion pour transformer une crème (anglaise, pâtissière...) :

On mélange 1 cuil. à soupe de cinq ou six épices différentes :

– cannelle, clous de girofle, macis, noix muscade, graines de coriandre, poivre noir de la Jamaïque ;

– ou encore poudre d'anis, fenouil, gingembre, coriandre, poivre noir de Kampot.

On la conserve 3 à 4 mois dans un bocal fermé.

◆ On métamorphose un simple bouillon en **soupe vietnamienne** :

1 cuil. à café de 5-épices associée à 1 étoile de badiane, 1 cuil. à soupe de nuoc-mâm, 1 cuil. à café de sucre et un morceau de gingembre suffisent à transformer un bouillon de légumes ou un reste de bouillon de pot-au-feu en un délicieux pho. *On porte à frémissement le bouillon et les épices 30 min. On le sert fumant avec des pâtes de riz, des germes de soja, des oignons coupés en rondelles, de fines lamelles de filet de bœuf cru, un filet de citron. On parsème de coriandre, basilic thaï, menthe. C'est comme là-bas !*

LES HERBES

Les choisir, les conserver

- On **achète** les herbes fraîches : en sachets, elles sont moins odorantes.
- Mieux ! On embaume sa cuisine en **plantant** en pot estragon, cerfeuil, basilic, sauge, thym, ciboulette, coriandre, menthe.
- On les **choisit** vertes, les feuilles intactes, brillantes, rigides, sans flétrissures.

Au réfrigérateur

- On les **conserve** fraîches une grande semaine en les mettant au réfrigérateur, dans un verre d'eau avec une rondelle de citron, après avoir ôté les feuilles des tiges qui trempent dans le verre. On coupe tous les deux jours 1/2 cm de tige.
- Ou 6 jours au réfrigérateur, dans une boîte hermétique, lavées, enveloppées de papier absorbant toujours humide.

Au congélateur

- Pour en avoir toute l'année, on **congèle** les herbes fraîches. Lavées, séchées, on les enferme dans un sac hermétique placé au congélateur. Congelées, elles sont cassantes ; on presse légèrement le sac pour récupérer les herbes par petites quantités. Ce mode de congélation est réservé au basilic, au cerfeuil, au bouquet de persil.
- Ou on remplit des bacs à **glaçons d'herbes** lavées, hachées au couteau, on ajoute un peu d'eau, on congèle. Quand les glaçons ont pris, on les met dans un sac hermétique. On les sort à la demande

pour parfumer un potage, une purée, des pâtes, une sauce. On les utilise glacés. Si on les fait décongeler, on les égoutte avant utilisation. Cette méthode est valable pour la ciboulette, la coriandre, le persil, la menthe, l'aneth, le romarin, l'estragon, la marjolaine, la sauge.

- On garde les herbes congelées 6 mois maximum.

Séchées

- Le **séchage** est aussi un mode de conservation. On suspend les herbes en bouquet par la tige dans un endroit sec et sombre environ 3 semaines, ou on les étale, lavées et séchées sur une plaque, glissée dans le four à 50 °C (th. 1-2). On stoppe la cuisson quand les feuilles sont craquantes. On les conserve en pot.
- Attention : le basilic, l'estragon, le cerfeuil et le persil perdent leur saveur au séchage.

À défaut...

- Les huiles essentielles d'herbes, d'agrumes, d'épices ont des arômes puissants. 1/2 goutte suffit pour parfumer une salade, une crème, un potage. On choisit de préférence les huiles bio. On les ajoute en fin de cuisson et dans les pâtes des gâteaux. Elles ne sont pas solubles dans l'eau : on les mélange à des matières grasses. On les trouve en bouteille ou en spray : entamées, elles se conservent 2 mois.

Les préparer, les cuisiner

- On les utilise **fraîches** (lavées, essorées) ou **sèches** (en poudre ou en feuilles). Les herbes séchées s'emploient en plus petites quantités que les fraîches :

1/4 de cuil. à café d'herbes en poudre
= 1 cuil. à café d'herbes en feuilles séchées
= 1 cuil. à soupe d'herbes fraîches.

- Les herbes fraîches s'ajoutent en fin de cuisson, les sèches en début.
- On cisèle les herbes d'un seul coup de ciseau ou au couteau pour mieux **conserver le jus et les arômes** et éviter qu'elles ne noircissent.
- Dans une **vinaigrette**, on mélange les herbes au moment de servir pour qu'elles ne « cuisent » pas.
- On ne fait pas bouillir les herbes dans une **sauce émulsionnée**, on les ajoute à la fin pour plus de saveur.
- On parfume les viandes, les légumes, les pommes de terre vapeur, les pâtes avec du **beurre d'herbes** (basilic, cerfeuil, coriandre, estragon). On les mélange ciselées à du beurre pommade, du sel, du poivre. On met au frais.
- Ou encore avec une **pâte d'herbes** mixées – basilic, persil, estragon, ciboulette – montée à l'huile d'olive, sel, poivre. On congèle par petites portions.
- Les tiges de la **coriandre** sont tout aussi odorantes que les feuilles. Dans les salades, on les cisèle très finement. Ajoutées dans les potages en fin de cuisson, on les mixe.
- Le **persil frit** croustille, décore les assiettes :

  On choisit du persil frisé. On équeute les branches. On lave et sèche les fleurs. On les plonge 4 s dans de l'huile de pépins de raisin à 160 °C. On les pose sur du papier absorbant. Il est prêt à croquer et s'accommode de tout. On met l'huile dans un récipient profond pour éviter les éclaboussures.
- **Aneth, ciboulette** perdent leur parfum en cuisant. On les ajoute en fin de cuisson.

◆ Séchées, les feuilles de **sauge** sont au meilleur de leur saveur. Elles se marient bien avec les viandes blanches, agneau, porc, veau. Elles apportent un goût subtil aux marinades.

◆ La **verveine** au parfum délicat parfume les crèmes, les entremets, les salades de fruits. On la fait infuser 30 min dans les liquides chauds. Ou on l'utilise séchée et réduite en poudre au mixeur.

◆ Le **bouquet garni** parfume les bouillons :

On enferme dans une feuille de poireau thym, ciboule, laurier, queues de persil, feuilles de céleri branche, grains de poivre et de coriandre. On ficelle et on attache le bouquet à la poignée du faitout pour le ressortir facilement. Une longue cuisson fait perdre un peu de leur arôme aux thym, laurier, persil plat. On les ajoute dans la cocotte en fin de cuisson.

Idées gourmandes

◆ On bouscule la tradition du **pesto** au basilic en le préparant avec un mélange d'autres herbes :
– persil-basilic-ciboulette-menthe
– ou persil-basilic-thym frais-menthe-sauge
– ou aneth-persil-coriandre-ciboulette.

Dans tous les cas, il faut pour 1 bol d'herbes (soit une quinzaine de brins) 1 gousse d'ail dégermée, les cerneaux de 6 noix rôtis à sec, 2 cuil. à soupe de parmesan râpé, sel, poivre, piment d'Espelette, huile d'olive. On réduit herbes, noix et fromage en purée au mixeur. On ajoute l'huile d'olive en émulsionnant jusqu'à consistance d'une pâte semi-épaisse. Sel, poivre. On peut remplacer les noix par des pignons de pin et le parmesan par du pecorino.

◆ Le pesto va bien avec les tomates, les légumes grillés, les pâtes, les œufs durs. On le garde au frais plusieurs jours ou on le congèle.

LES LÉGUMES

LES LÉGUMES VERTS

Les choisir, les conserver

- On **achète** ses légumes de préférence sur les marchés, au rythme des saisons. On s'informe auprès de son maraîcher des provenances, on note ses conseils de conservation.
- On **regarde** les légumes. Les plus beaux, colorés et calibrés, ne sont pas toujours les meilleurs.
- La **conservation** des légumes diffère selon les variétés. Généralement, on les place à l'abri de la lumière dans un endroit frais.
- On cuisine rapidement les **primeurs** ou on les conserve 2 à 3 jours au frais.
- On **congèle** la plupart des légumes après les avoir blanchis 3 min et refroidis.

Les préparer, les cuisiner

- Dès que les légumes sont cuits, on les refroidit immédiatement en les plongeant dans de l'eau glacée, pour stopper la cuisson.
- On ne jette pas les **épluchures**, on en fait des veloutés, des fonds, des chips.
- On n'épluche pas les **légumes primeurs**, on les lave. On les consomme crus, ou cuits quelques minutes à la vapeur, parfumés d'herbes fraîches ou vite poêlés au beurre.

- On plonge les **légumes crus** dans un saladier rempli d'eau et de glaçons pour qu'ils soient croquants. On les assaisonne au moment de servir.

- On cuisine les **légumes anciens**. Leur apparence peu engageante cache des saveurs intéressantes. Le topinambour est proche de l'artichaut, le crosne de la noisette, la vitelotte de la châtaigne, le panais d'un navet légèrement sucré.

- Fondamental : on **poivre** les légumes en fin de cuisson, car en cuisant, le poivre tue leur goût.

- Pourquoi pas des **légumes au dessert** ? Les associations sont nombreuses : pour un cake, carottes, cannelle, raisins et noisettes ; pour un smoothie, tomates et oranges ; pour une tarte, potimarron et pommes.

Idée gourmande

- On prépare un **crumble de parmesan** : on étale du parmesan en poudre sur une plaque recouverte de papier de cuisson. On enfourne 10 min à 180 °C (th. 6). On laisse refroidir et on émiette grossièrement au moment de servir pour apporter du croquant sur une purée ou une compotée de légumes.

L'AIL

Le choisir, le conserver

- On **choisit** des bulbes secs, lourds, aux gousses fermes.

- L'ail nouveau (juin, juillet, août) se cuisine rapidement. L'ail blanc se **conserve** 1 an, le rose de Lautrec 6 mois, à l'abri de la lumière.

Le préparer, le cuisiner

- On retire toujours le germe avant de le cuisiner (c'est plus digeste). On évite les cuissons trop vives qui font ressortir l'**amertume**.
- Pour **parfumer** les aliments tout en délicatesse, on écrase la peau d'une gousse avec le dos d'une cuillère ou on frotte le fond d'une poêle ou d'un plat avec une gousse épluchée. Les gousses d'ail entières avec la peau, cuites au four autour d'une viande, sont douces et réduites en purée.
- On simplifie l'**aïoli** en cuisant au four à 180 °C (th. 6) une douzaine de gousses d'ail emballées dans du papier de cuisson. Quand la chair est ramollie, on la mélange à une mayonnaise.

Idées gourmandes

- On prépare la **crème d'ail** d'un chef marseillais étoilé, un peu longue mais qui le vaut bien :

  On blanchit cinq fois 20 gousses d'ail rose épluchées et dégermées en changeant l'eau à chaque fois. On les mixe avec 200 cl de crème liquide, un peu de fond de veau, du sel, du poivre. On cuit doucement à frémissement quelques minutes pour épaissir la crème. On passe au chinois. On peut ajouter une touche de gingembre, de curry, ou des herbes. Délicieux avec les poissons. On peut la congeler dans des bacs à glaçons pour qu'elle soit « portionnable ».

- Les toqués d'ail se régaleront d'un **velouté d'ail** :

  500 g d'ail épluché et dégermé revenus doucement, sans coloration, dans de l'huile d'olive avec 500 g de pommes de terre bintje coupées en lamelles. On mouille avec 1 verre de vin blanc, 2 verres de lait, 40 cl de crème liquide, du sel, du poivre. On cuit 20 min, on mixe. C'est prêt.

- 1 cuil. à café de pastis dans le **beurre d'ail**, c'est un petit rien qui apporte une saveur d'anis agréable :

  Pour 200 g de beurre mou, il faut 8 gousses d'ail blanchies trois fois 1 min en changeant l'eau à chaque fois, 1 bouquet de persil plat, 1 échalote. On coupe finement le persil et l'échalote au couteau, on presse l'ail, on mélange intimement au beurre mou, on ajoute le pastis. On pose le beurre sur un film étirable, on l'enferme et on le roule en boudin serré. On met au réfrigérateur.

L'ARTICHAUT

Le choisir, le conserver

- On le **choisit** lourd, ferme et bien fermé, les feuilles cassantes et sans taches.
- Les petits **artichauts violets** printaniers ne restent croquants que 2 à 3 jours.
- Si on ne les utilise pas rapidement, on les **conserve** au frais, la queue trempée dans l'eau.
- **Cuits**, on les consomme vite : au-delà de 24 h, ils noircissent et sont toxiques.

Le préparer, le cuisiner

- Pour que les artichauts **ne noircissent pas** en cuisant, on dépose un citron entier non traité coupé en deux dans l'eau de cuisson.
- On tourne les artichauts pour **dégager le fond**. On enlève les deux premières rangées de feuilles. On casse la queue d'un coup sec, à la main : les fibres du cœur viennent facilement, le cœur sera moelleux. On tranche droit le bout des feuilles sur plus ou moins

5 cm suivant la grosseur de l'artichaut. On coupe ensuite au couteau les feuilles qui entourent le cœur en tournant autour de l'artichaut jusqu'au foin. Le fond est dégagé, on fignole en pelant les petites excroissances vertes et dures. On ôte le foin avant ou après cuisson.

- On cuit les **fonds** 10 min à l'eau bouillante salée. Pour qu'ils ne remontent pas à la surface, on pose un torchon plié en quatre sur l'eau.
- Avant de déguster les petits **artichauts violets**, on ôte les premières feuilles. On coupe les pointes des feuilles restantes et 3/4 de la queue, que l'on épluche. On coupe les artichauts en quatre ou en tranches. On les poêle à l'huile d'olive, ail, tomates, thym, ou on les croque crus au sel ou avec une vinaigrette au basilic.

Idées gourmandes

- On **parfume** l'eau de cuisson avec 1 étoile de badiane, 1 bâton de réglisse, 1 cuil. à soupe de curcuma, ou 1 citron coupé en deux.
- On ajoute 2 clous de girofle dans la poêle où l'on fait dorer à l'huile d'olive des **cœurs d'artichauts** blanchis 5 min dans l'eau salée. En fin de cuisson, on parsème de muscade et de quelques gouttes de jus de citron.
- On les sert tièdes avec une vinaigrette à l'huile de noix ou un beurre fondu citronné.
- Ou on **poêle** des cœurs d'artichauts crus, émincés ou coupés en dés avec des oignons, une pointe de safran, de l'ail et du piment de Cayenne. On déglace à la crème fraîche.

L'ASPERGE

La choisir, la conserver

- On **choisit** les différentes variétés d'asperges – blanches, violettes, vertes – les écailles fermées, la tige rigide et cassante. Les grosses blanches doivent être lisses, brillantes, le bourgeon nacré.
- On les consomme rapidement ou on les **conserve** 2 à 3 jours dans le bac à légumes du réfrigérateur, enveloppées dans un linge ou un papier humide. La congélation ne lui convient pas.

La préparer, la cuisiner

- On **épluche** les grosses asperges en supprimant 3 cm de queue et en ôtant une épaisseur de peau de 2 à 4 mm, de la base des écailles jusqu'au pied. Ainsi on les mange entières sans rien laisser dans l'assiette.
- Les perfectionnistes les **cuiront à la verticale** 15 min dans un faitout haut, les têtes hors de l'eau – les pointes cuisent à la vapeur. On vérifie la cuisson en piquant la queue de l'asperge avec la lame d'un couteau, qui doit entrer sans résistance.
- On les passe sous l'eau glacée pour **arrêter la cuisson**. Le mieux est de préparer un saladier d'eau avec des glaçons, l'eau du robinet n'étant pas assez froide.

Idées gourmandes

- On cuit les asperges fines, vertes ou blanches, en **papillotes**, 20 min au four à 200 °C (th. 6-7), enveloppées dans une feuille de papier de cuisson, avec un filet d'huile d'olive ou du beurre, sel, poivre, estragon, sarriette, persil plat, thym frais.

- On les blanchit 3 min à l'eau salée, on les refroidit dans de l'eau glacée, et on les **poêle au beurre** pour les colorer.
- Tout le goût de l'asperge est là si on les prépare **crues**, épluchées, effilées à la mandoline, marinées 15 min avec huile d'olive, jus de citron, sel, poivre, herbes du moment.

L'AUBERGINE

La choisir, la conserver

- Qu'elle soit pourpre, violette, crème ou blanche, c'est de **juin à septembre** qu'elle est la meilleure.
- La plein-champ biscornue et bariolée est au mieux de sa forme en été. Hors saison, poussée sous serre, elle a moins de goût. Les grosses ont souvent des pépins. Trop mûres, elles se fripent et sont amères.
- On les **conserve** 2 jours au frais ou 1 semaine au réfrigérateur non emballée.

La préparer, la cuisiner

- On n'épluche pas les aubergines ou alors une pelure sur deux. On les **fait dégorger** 1 h coupées en long ou en rondelles dans du gros sel pour éliminer l'excédent d'eau. On les essuie avant de les cuisiner.
- Les aubergines aiment se gaver d'huile, aussi, cuites entières, **à la vapeur ou au four**, on récupère la chair au naturel. On l'accommode en **purée** simplement parfumée de thym frais, basilic, coriandre, huile d'olive, sel, poivre. On la mixe encore avec ail, oignon, jus de citron, tapenade noire.

- **Frites**, les aubergines en tranches seront très craquantes sans être grasses si, après les avoir épluchées, puis fait dégorger dans le sel et essuyées, on les enrobe de blanc d'œuf battu.
- Plus **croustillantes** encore : on peut aussi les fariner, les passer dans un œuf battu, et les rouler dans de la chapelure parfumée d'herbes séchées ou d'épices – cumin, coriandre, curry –, de la polenta ou des flocons de purée mousseline, avant de les plonger dans de l'huile à 160 °C.
- On huile au pinceau des **tranches** d'environ 2 cm d'épaisseur. Sel, poivre, thym, romarin. On les dépose sur la plaque du four tapissée de papier de cuisson huilé pour 45 min à 150 °C (th. 5). On les retourne une fois.

Idées gourmandes

- On la cuit en **papillote**, coupée en deux dans la longueur en laissant la peau. On entaille l'intérieur en croisillons, on dépose dans chaque fente une goutte d'huile d'olive, on parsème de graines de cumin ou de sésame. Sel, poivre. On ferme les papillotes, on enfourne à 180 °C (th. 6) 45 min.
- Deux chefs revisitent le **caviar d'aubergine** :

  En douceur, avec des oignons fondants : *on fait revenir doucement 6 oignons émincés dans de l'huile d'olive, on saupoudre de 2 cuil. à soupe de sucre en poudre, on mouille avec 4 cuil. à soupe de vinaigre balsamique ou de vin rouge. Sel, poivre. On cuit 15 min. On mixe avec la chair de l'aubergine cuite au four, de l'ail blanchi, un bouquet de basilic, muscade. On vérifie l'assaisonnement. On peut ajouter des filets d'anchois mixés ou des olives noires dénoyautées.*

  Avec vigueur, façon asiatique : *on cuit au four ou à la vapeur la chair d'aubergine. En même temps, on fait revenir 20 min à feu très doux 1 gousse* *d'ail, 1 oignon, 1 petit piment vert, le tout haché avec un peu d'huile d'olive. On prépare une sauce en mélangeant 1 cuil. à soupe de nuoc-mâm, 1 cuil. à soupe de vinaigre de riz, 1 cuil. à café de sucre, 2 cuil. à soupe d'eau. On mixe aubergine, oignon, ail, sauce, le jus de 1/2 citron et 1 bouquet de coriandre fraîche. On garde au frais.*

LA BETTERAVE

La choisir, la conserver

- La betterave **crue** a un goût et une consistance incomparables, on la choisit petite, ferme, de couleur foncée, si possible avec les feuilles.
- La chair des betteraves **cuites** doit être bordeaux, brillante, jamais marron.
- Crues, on les **conserve** dans le bas du réfrigérateur au maximum 5 jours, au-delà elles ramollissent ; cuites, pas plus de 2 jours – non couvertes, elles moisissent vite.

La préparer, la cuisiner

- On la cuit 1 h avec la peau simplement lavée, **à l'eau** salée légèrement vinaigrée.
- **En papillotes**, au four à 180 °C (th. 6), pendant 1 h 30, enfermée dans un papier de cuisson pour que le jus ne s'écoule pas.
- **À la vapeur**, 45 min en Cocotte-Minute.
- Ou coupées à la mandoline en lamelles fines et **poêlées** au beurre.
- Surprise **pour les enfants**. Un petit morceau de betterave – crue ou cuite – dans l'eau de cuisson des pommes de terre, des pâtes, du riz, et on obtient une jolie couleur rose !

Idées gourmandes

- On fait une **vinaigrette** acidulée avec le jus de la betterave cuite passée à la centrifugeuse.
- Une **salade de betterave crue** :

On épluche et on coupe en julienne fine 1 betterave crue, 1 pomme boskoop ou chantecler, 1 radis noir. On arrose du jus de 1 citron vert, de 1 cuil. à soupe de sauce soja et de 1 cuil. à soupe d'huile d'olive. On ajoute 1 cuil. à café de crème fraîche épaisse et du gingembre râpé. On cisèle persil ou cerfeuil et menthe. On met au frais 30 min avant de servir.

LA CAROTTE

La choisir, la conserver

- On **choisit** les carottes très colorées : plus elles sont orangées, plus elles sont sucrées. La violette, très sucrée, et la blanche, à chair fine, font d'excellentes salades.
- Les **meilleures** sont les AOC de Créances en Normandie, cultivées dans le sable, les primeurs des Landes avec fanes. On les choisit bien attachées, lisses, sans taches. On garde les fanes pour faire des veloutés, des fonds.
- Les grosses, fendues, restées trop longtemps en terre, ont perdu leur saveur.
- On les **consomme** rapidement sinon elles ramollissent. Placées dans un récipient hermétique dans le bas du réfrigérateur, lavées et épluchées pour les plus grosses, on les garde 6 jours.

La préparer, la cuisiner

- On lave les **carottes primeurs**, on ne les épluche pas.
- **Crues**, on les râpe en julienne ou en lamelles à la mandoline. On les citronne pour éviter l'oxydation.
- Elles supportent toutes les **cuissons** : poêlées, étuvées, au four, à la vapeur.
- On prépare un **velouté** aux carottes nouvelles avec leurs fanes :

  On cuit à l'eau salée ou dans un bouillon de poule les carottes, 2 ou 3 pommes de terre, 1 gousse d'ail. On mixe avec les fanes tombées au beurre et 2 carrés de St-Môret.

- La **mousseline** de carottes devient gourmande quand on mixe les carottes cuites avec du mascarpone et un soupçon de 4-épices ou de cumin.

Idées gourmandes

- **Salade multicolore** :

  On émince en fines lamelles des carottes orange, violettes, blanches. On les blanchit 3 min dans de l'eau salée. On les égoutte, on ajoute des quartiers d'orange pelés et leur jus. On mélange avec une vinaigrette au jus de citron, sel, poivre, cumin, huile d'olive, coriandre fraîche ciselée. On sert tiède ou frais.

- **Fondue de carottes** trois étoiles :

  On garde 5 cm de fanes d'une douzaine de carottes nouvelles. On ne les épluche pas, on les lave, on les sèche. On fait fondre 2 cuil. à soupe de beurre dans une poêle, on ajoute les carottes entières, on les tourne dans le beurre, on sale, on poudre de 1 cuil. à soupe de sucre, 1 pincée de cumin, 4 ou 5 gousses d'ail non épluchées, un bouquet garni. On mouille d'eau à hauteur, on couvre les carottes d'un papier de cuisson troué, posé à fleur d'eau. On cuit à feu doux jusqu'à évaporation. On mouille du jus de 1 orange. Encore un bouillon, puis on sert parsemé de coriandre fraîche et de poivre.

LE CÉLERI-RAVE

Le choisir, le conserver

- On le **choisit** petit, rond, ferme, blanc, sans taches. Les gros sont souvent creux.
- On le **conserve** dans le bas du réfrigérateur, dans un sac de congélation fermé pour ne pas communiquer son odeur.

Le préparer, le cuisiner

- Pour l'**éplucher** facilement, on le coupe en quatre. On le pèle généreusement en enlevant les taches brunes qui donnent de l'amertume.
- Pour qu'il reste **blanc**, on citronne les morceaux ou la julienne.
- Taillé en **bâtonnets**, on le blanchit avant de le faire sauter au beurre ou à l'huile d'olive avec carottes, panais.
- Le **céleri rémoulade** sera plus souple si on le blanchit 2 min. On refroidit la julienne avant d'ajouter une mayonnaise très moutardée.
- On obtient une **purée** blanche et douce si on fait cuire le céleri dans 2/3 de lait et 1/3 d'eau. La caséine du lait enlève l'amertume du céleri.

Idées gourmandes

- On parfume une **mousseline** de céleri de 2 pistils de safran infusés 30 min dans de la crème chauffée. On mixe au mixeur plongeant.

◆ On apporte une note sucrée-acide à une **purée** en la cuisant dans un bouillon avec 2 pommes (granny-smith, boskoop).

◆ Au **four** :

On coupe un céleri en cubes de 3 cm, on les imprègne d'huile d'olive, sel, poivre, thym frais. On les dispose sur une plaque garnie de papier de cuisson avec des gousses d'ail en chemise (cf. p. 9). On enfourne pour 1 h à 180 °C (th. 6). On presse l'ail pour faire sortir la pulpe, on y ajoute quelques gouttes de citron, du persil plat ciselé, de l'huile d'olive ou de noix. On verse cette sauce sur le céleri ou on la sert à part.

LES CHAMPIGNONS

Les choisir, les conserver

◆ Avant de **congeler** les champignons, on les fait suer rapidement. On les cuisinera congelés.

◆ On les **déshydrate** posés sur la plaque du four, coupés en lamelles de 3 cm d'épaisseur, dans une chaleur tournante à 50 °C (th. 1-2) ou à 60 °C (th. 2) dans un four classique, porte entrouverte, 2 à 3 h. On les conserve dans un bocal fermé.

Les champignons de Paris

◆ On **choisit** les champignons de Paris blancs, lisses, fermes, la collerette fermée, le chapeau attaché.

◆ Les **blonds** sont plus parfumés que les blancs.

◆ On les conserve 3 ou 4 jours dans le bas du réfrigérateur, dans un sac en papier ou un linge humide.

Les cèpes

- On **choisit** les cèpes avec soin, jeunes, le chapeau couleur noisette ou marron clair, le pied blanc, l'ensemble ferme.
- Les **gros** sont parfois véreux, on les dépose sur un plateau tapissé de papier absorbant et on les filme. Les vers sortent des champignons et se collent au film.
- On les **conserve** au frais, 3 ou 4 jours, déposés dans un linge humide, la tête en haut, pour éviter que les vers ne s'y logent. On les cuisine rapidement.

Les girolles

- On **choisit** les girolles, fermes, non visqueuses. Elles sont fragiles, on les cuisine rapidement.

Les préparer, les cuisiner

- On ne lave pas les champignons. On les débarrasse de la terre en les brossant délicatement, on essuie le chapeau avec un linge humide, on ôte une fine couche de peau sur le pied. Si nécessaire, on les passe sous un filet d'eau **sans les faire tremper,** on les essuie.
- Pour faire ressortir toute la **saveur** des champignons, on les fait suer doucement avec des échalotes hachées, dans du beurre ou de la graisse d'oie, avec un soupçon d'ail si on aime.
- On coupe les petits cèpes en forme de bouchons de champagne, en trois morceaux, pas plus. On les poêle quelques minutes pour qu'ils restent fermes.
- Quand on les cuisine **crus en salade**, quelques gouttes de citron leur évitent de noircir.
- Ils apprécient muscade, 4-épices, paprika, persil plat, ciboulette.

Idées gourmandes

- On coupe 300 g de **champignons de Paris revenus au beurre** avec des échalotes, on mouille avec 50 cl de crème fleurette, sel, poivre, muscade, on cuit 15 min. On mixe, on passe au chinois. On mélange à une polenta souple pour une texture onctueuse et un goût subtil.
- On émince des **champignons de Paris**, on les citronne. On fait une sauce avec 3 cuil. à soupe d'huile d'olive, 1 gousse d'ail pressée, 2 cuil. à soupe de persil plat, autant de basilic frais, d'estragon ciselés, du thym frais effeuillé, sel, poivre. On la mélange délicatement aux champignons. On ajoute des copeaux de parmesan. On sert avec de fines tranches de pancetta grillées. Le mélange d'herbes fait la différence.
- On garde tout le goût des **cèpes** en les dégustant crus. On les choisit petits, on les nettoie, on les coupe en lamelles de 1 cm d'épaisseur. On citronne, on ajoute un filet d'huile d'olive, sel, poivre, piment d'Espelette. On laisse mariner 10 min. On sert sur un lit de mâche ou de roquette assaisonné d'une vinaigrette au vinaigre blanc, de cidre ou balsamique blanc (pour ne pas colorer la sauce), on parsème de ciboulette ou de persil plat finement haché, quelques copeaux de parmesan.

LES CHOUX

Les choisir, les conserver

- Qu'ils soient **blancs, verts, rouges ou frisés**, ils doivent être lourds, compacts, avoir le trognon clair, les feuilles brillantes, craquantes et sans taches.
- Ils ne **se conservent** au frais que quelques jours, mieux vaut les cuisiner rapidement surtout si on les mange crus.

◆ On choisit le **chou-fleur** pommelé, ferme, au grain serré, les fleurs blanches. On le conserve au réfrigérateur avec trognon et feuilles, sinon il se ramollit vite, ou on met les fleurs lavées dans une boîte hermétique.

◆ Le **chou chinois**, blanc, en forme de ballon de rugby, doit avoir des feuilles bien claires, craquantes sans flétrissures. Il se conserve plusieurs jours dans le bas du réfrigérateur, lavé, essuyé, emballé dans un sac fermé dont on a chassé l'air au maximum.

◆ Le **chou-rave** est rond comme une betterave. Son goût est fin. On le choisit petit, pas plus de 7 cm de diamètre, les gros sont fibreux. On le conserve au réfrigérateur dans un emballage aéré.

Les préparer, les cuisiner

Le chou blanc, le chou vert

◆ On ôte les premières feuilles, que l'on garde pour les farcir une fois la côte affinée et blanchie. On **coupe** le chou en quartiers, on tranche le haut du cœur en biais pour que les feuilles restent attachées et ne se défassent pas à la cuisson. On jette le trognon (partie dure du cœur). On lave à grande eau.

◆ Coupés **en julienne fine**, on les fait revenir à la poêle au beurre ou à la graisse d'oie ou de canard avec des oignons.

◆ Coupés **en grosses lanières**, on les blanchit 5 min, on rafraîchit, on les égoutte avant de les faire compoter 1 h 30 en cocotte au four à 180 °C (th. 6), avec 1 cuil. à soupe de graisse d'oie, 1 tasse de fond de veau, 1 pincée de 4-épices. On peut glisser au cœur des lanières des tranches de poitrine fraîche ou fumée.

◆ À la cuisson les choux dégagent une **odeur** désagréable. Pour y remédier, on ajoute un peu de vinaigre de vin dans l'eau et un croûton de pain rassis.

◆ S'il s'agit de petits **choux nouveaux**, on les prépare crus émincés finement en salade, marinés 1 h avec une vinaigrette moutardée, parsemés de persil plat ou de coriandre au moment de servir.

Le chou-fleur

◆ On élimine les feuilles, on sépare les bouquets, on coupe les tiges, on plonge les bouquets 10 min dans de l'**eau bouillante** salée et citronnée pour qu'ils restent blancs.

◆ Cuit 15 min **à la vapeur**, il est croquant.

◆ On fait une mousseline de chou-fleur aérienne :

> *On cuit des bouquets de chou-fleur dans un bouillon, on les mixe avec de la crème fleurette. On ajoute 2 cuil. à soupe de crème Chantilly ferme. On peut parfumer la mousseline en infusant dans la crème 2 filaments de safran ou 1 pointe de curry. On parsème de persil plat ciselé.*

◆ Les enfants adoreront les **beignets** de chou-fleur. Des petites têtes blanchies 3 min, égouttées, sel, poivre, muscade, trempées dans une pâte à tempura (cf. p. 74) et plongées dans de l'huile à 160 °C.

Autres choux

◆ On accommode le **chou chinois** émincé en salade avec citron, ail, nuoc-mâm, huile de sésame, cacahuètes grillées salées écrasées.

◆ Ou sauté au wok 2 min avec d'autres légumes, gingembre, sauce soja, vinaigre de riz, coriandre fraîche.

◆ Le petit **chou-rave** se consomme cru, râpé en julienne, avec des pommes, des carottes, des raisins, des noix, arrosé d'une vinaigrette, ou en tranches fines avec de la fleur de sel.

Idée gourmande

- On réinvente le **taboulé** :

  *On râpe au robot les fleurs d'un petit **chou-fleur** blanc en semoule type couscous. On mélange avec oignons nouveaux blancs et rouges émincés, tomates juteuses mondées, débarrassées des pépins et taillées en cubes, concombre et poivron rouge ou jaune en dés, jus de citron, ail pressé, huile d'olive, sel, poivre. On cisèle un gros bouquet de persil plat et de menthe. On mélange, on goûte, on rectifie l'assaisonnement. On met au frais 1 h.*

LE CONCOMBRE

Le choisir, le conserver

- On trouve le **concombre de serre** toute l'année, on le choisit de taille moyenne, ferme, bien vert. Les gros ont des graines et sont parfois amers.
- Dès le printemps, on achète les **concombres de jardin**. Ils sont plus courts, légèrement grumeleux. Leur goût est plus prononcé, on ôte les pépins.
- Pour qu'il reste croquant, on **conserve** le concombre 5 jours maximum dans le bas du réfrigérateur. S'il est entamé, on l'emballe dans un film alimentaire, on le met au frais.

Le préparer, le cuisiner

- Si on l'aime **croquant**, on ne le fait pas dégorger au sel.
- Préparé **à la grecque**, on l'émince en tranches fines à la mandoline au-dessus d'une passoire, on le laisse égoutter. On prépare une sauce au yaourt, aneth, jus de citron, huile d'olive, une touche de

vinaigre (blanc, de cidre ou balsamique blanc, pour ne pas colorer la sauce), sel, poivre. On le sert frais.

- On varie le mélange d'**herbes** : menthe-aneth-fenouil ou menthe-coriandre-persil ou estragon-basilic-cébette.
- Curry, cumin, paprika, gingembre sont ses **épices** favorites.
- On le prépare **cuit**, avec ou sans peau, poêlé au beurre, à l'étuvée, en gratin.

Idée gourmande

- On présente le **tzatziki** dans des tronçons de concombre :

  On épluche et coupe un concombre en cylindres de 4 cm, on creuse le centre avec un vide-pomme, on sale légèrement, on réserve au frais. Dans un yaourt à la grecque on mélange 1 oignon frais émincé, de l'ail écrasé, menthe, estragon, aneth ciselés, 1 cuil. à soupe d'huile d'olive, 1 cuil. à café de vinaigre balsamique blanc ou de jus de citron, sel, poivre. On farcit les tronçons de concombre après les avoir égouttés. On sert frais.

LES COURGES

Les choisir, les conserver

- Potiron, potimarron, citrouille de Provence, butternut arrivent à l'automne.
- On choisit la **citrouille** orange vif. On l'achète en tranches, on la conserve 3 ou 4 jours filmée au réfrigérateur.
- Le **potimarron** rouge-orangé, en forme de châtaigne, et le **butternut** beige, en forme de cacahuète, s'achètent entiers. Ils doivent être fermes, lisses, sans taches. On les conserve plusieurs semaines non épluchés.

Les préparer, les cuisiner

- Les courges ont la **peau dure**. Pour éplucher les plus grosses, on les coupe en morceaux puis en quartiers pour les cuire. On ôte les pépins et les cheveux.
- Certaines courges, comme le potimarron, ont la peau plus fine. On peut les cuire avec la peau. Dans ce cas, on les passe une fois cuites dans un moulin à légumes manuel qui laisse passer juste ce qu'il faut de peau pour en faire des soupes ou des purées.
- Elles se prêtent à toutes les **préparations** : soupes, veloutés, gratins, purées, soufflés, confitures, tartes, cakes.
- On les relève d'**épices** : cannelle, gingembre, muscade, 4-épices, sésame.
- Pour apporter de la brillance à une **soupe**, on fait revenir les morceaux de courges 5 min dans de l'huile d'olive avec 1 oignon, puis on mouille de bouillon ou d'eau.
- Pour un **flan**, on ajoute de la ricotta ou du fromage de chèvre à la courge mixée avant de la mélanger aux œufs. Subtil et bon.
- On surprend en servant veloutés et soupes dans la courge. On découpe le dessus, on le garde. On évide la courge à la cuillère : on enlève les graines, puis on récupère la chair en laissant 1 cm de peau. La courge servira de soupière, on la couvrira avec le « chapeau ».
- Les **purées** s'encanaillent :
  - on fait **gratiner** les purées de courges avec du parmesan, du beaufort ou du cantal ;
  - on apporte une note gourmande à une purée de **potiron** en le mixant avec des châtaignes cuites ;

– la crème de coco (plus consistante que le lait) fait merveille dans une purée de **potimarron**, avec une pointe de muscade ;
– la purée de **butternut** s'ennoblit d'un crumble fait de farine de sarrasin, noix hachées et beurre salé.

◆ On cuisine un **velouté de potiron** plus que parfait :

On le cuit en morceaux épluchés dans un bouillon de volaille. On mixe, on ajoute du bouillon jusqu'à la bonne consistance. On passe au chinois. On délaye 1 cuil. à soupe de Maïzena dans un peu de crème liquide. On l'ajoute au potiron en fouettant, on chauffe jusqu'à un épaississement léger, avec poivre, muscade ou 4-épices. On ajoute des petits morceaux de beurre froid en tournant. On sert avec des tranches fines de bresaola grillées à 240 °C (th. 8). Ou on râpe de la truffe dans les assiettes.

◆ Ou, plus simplement, on glisse 1 bâton de cannelle dans un velouté de potiron chaud. On laisse reposer 1 h. On l'enlève et on réchauffe avant de servir.

◆ À essayer absolument, les **courges rôties** au four :

On pose sur une plaque couverte de papier de cuisson des tranches de potimarron de 2 cm, avec la peau, badigeonnées au pinceau d'un mélange d'huile d'olive, sauce soja, gingembre râpé, miel.

Ou des cubes de potiron sans peau de 3 à 4 cm, huilés, salés, parsemés de thym frais ou d'origan. On cuit 30 min à 180 °C (th. 6).

On badigeonne des tranches ou des morceaux de courges revenus au beurre d'un mélange de cannelle, curry, muscade, gingembre. On sale et on fait rôtir au four 30 min à 210 °C (th. 7). On ajoute quelques gouttes de beurre fondu à la sortie du four et des graines de sésame grillées à sec pour apporter du croquant aux courges fondantes.

Idées gourmandes

- On pique aux chefs l'association **potiron-café** en ajoutant une douzaine de grains de café dans le bouillon de cuisson d'un velouté. Une saveur étonnante.

  On ôte les grains de café avant de mixer. À défaut de grains de café, on ajoute une demi-tasse de café fort au moment de mixer.

- On grille les **pépins de courge.** Lavés, séchés, huilés, avec sel, poivre, épices, on les étale sur une plaque, on les passe 20 min au four à 180 °C (th. 6), on les remue souvent. On les sert à l'apéro ou on apporte du croustillant à une salade, un velouté.

- On apporte au potimarron une **note maritime** avec un potage aux moules.

  On ouvre des moules avec 1 verre de vin blanc, 1 feuille de laurier. On récupère le jus, on le filtre. On cuit le potimarron en morceaux avec peau 10 min dans le jus, additionné d'eau à hauteur si nécessaire. On mixe avec de la crème épaisse. On a découquillé les moules, on les éparpille dans les assiettes, on parsème de coriandre ciselée. On peut aussi parfumer l'eau de cuisson du potimarron avec 1 pistil de safran.

LA COURGETTE

La choisir, la conserver

- Les **grosses** courgettes ont souvent des pépins. Les **petites** sont tendres et parfumées, parfois vendues avec la fleur.

- On les **conserve** dans le bac du réfrigérateur 2 à 3 jours ; au-delà elles perdent leur saveur.

- Les **fleurs de courgettes** flétrissent vite, on les cuisine rapidement.

Les préparer, les cuisiner

- On lave les courgettes, on ne les pèle pas.
- On rehausse leur goût en ajoutant des **saveurs** de coriandre, persil, cerfeuil, ail, gingembre, curry, lait de coco.
- Les petites, **sautées** 3 min à l'huile d'olive, restent croquantes.
- On prépare les **printanières** crues, en salade, finement émincées.
- On les **accommode** en flan, velouté, gratin, tarte, farcies, grillées, épicées.

Idées gourmandes

- On les croque **frites, en amuse-gueule**, coupées en bâtonnets, trempées dans du blanc d'œuf battu, roulées dans une panure chapelure-parmesan-poivre-persil ou ciboulette, et plongées 1 min dans l'huile.
- Le **velouté de courgette** au lait de coco est vite fait :

  On fait revenir à l'huile d'olive des courgettes en morceaux et 1 oignon, on mouille de bouillon et de lait de coco. Sel, ail pressé, gingembre râpé. 10 min de cuisson. On mixe hors du feu avec 1 bouquet de basilic thaï ou classique. On sert chaud, ou glacé parsemé de menthe fraîche.

- On ne rate pas la courte saison des **fleurs de courgettes** :

  On en prévoit 6 par personne. On enlève délicatement le pistil en ouvrant les pétales ou en sectionnant le pédoncule. On tourne chaque fleur dans du lait puis dans la farine. On les plonge dans de l'huile à 160 °C, 1 min de chaque côté. On les égoutte sur un papier absorbant. Fleur de sel, quelques gouttes de citron. C'est aérien, c'est un régal !

LES ÉPINARDS

Les choisir, les conserver

- On **choisit** de préférence les jeunes pousses, petites, claires et tendres. On vérifie que les grandes feuilles plus foncées sont entières, sans taches ni pourritures.
- On les **conserve** le moins longtemps possible car ils jaunissent rapidement.

Les préparer, les cuisiner

- On équeute les grandes feuilles et on ôte les trop grosses côtes. Les jeunes pousses ne s'épluchent pas, on les prépare en salade.
- On les **lave** plusieurs fois à grande eau sans les laisser tremper.
- Les épinards n'aiment pas l'eau. On les fait juste tomber dans une poêle, on les égoutte après les avoir poêlés (car ils rendent de l'eau) avant de s'en servir dans d'autres préparations – tartes, feuilletés, gratins.
- On les savoure **simplement** avec un morceau de beurre ou 1 cuil. de crème fraîche, sel, poivre, muscade. C'est cuit en 3 min.

Idées gourmandes

- On lave et sèche des **pousses d'épinards** :

    On blanchit 4 min de jeunes pois gourmands et des carottes en bâtonnets, on rafraîchit pour le croquant, on ajoute les pousses d'épinard, de la menthe ciselée, de la coriandre ou du basilic. On prépare une sauce au vinaigre balsamique blanc, sel, poivre, huile d'olive et 3 gouttes d'huile de sésame. On verse sur la salade.

◆ Un **velouté d'épinard** aux parfums de persil, ail, noix :

On blanchit trois fois 3 ou 4 gousses d'ail dégermées. On fait revenir à l'huile d'olive oignons et tiges de cébettes, 4 poignées d'épinards, du persil plat avec les queues, 1 courgette, 1 branche de céleri, l'ail, on couvre de bouillon de poule. On cuit 15 min, on mixe avec des noix.

LE FENOUIL

Le choisir, le conserver

◆ Les petits bulbes sont plus tendres. On les **choisit** blancs, sans taches brunes, avec un plumeau vert non flétri.

◆ On les **conserve** 1 semaine au réfrigérateur, emballés hermétiquement pour que l'odeur ne se communique pas.

◆ On garde les pousses vertes duveteuses, leur senteur anisée parfume salades et sauces.

Le préparer, le cuisiner

◆ On le lave à l'eau courante. On coupe le trognon et les grosses tiges. On enlève la première peau filandreuse des gros bulbes.

◆ On parfume les bouillons, l'eau du riz, les pâtes avec les tiges fermes.

◆ On le prépare **cru** avec 1 oignon nouveau et 1 pomme, émincés en lamelles fines, marinés 15 min dans une vinaigrette citronnée, sel, poivre, huile d'olive, aneth ou coriandre ciselée.

◆ On le **cuit** blanchi, revenu au beurre avec des carottes, du céleri, des poireaux. Ou à la vapeur, puis poêlé, ou au four 45 min à 200 °C (th. 6-7).

◆ Curry et gingembre parfument veloutés et purées.

- Les desserts lui vont bien, caramélisé au beurre, sucre et cannelle : compote, clafoutis, salade de fruits et fruits rouges.

Idées gourmandes

- On l'associe aux **fraises** :

  On le fait compoter en julienne dans un sirop avec jus et zeste de citron vert, petit morceau de gingembre. On mixe en ôtant le gingembre, avec des feuilles de menthe, on ajoute 1 cuil. à café de crème fraîche épaisse. On poêle au beurre 3 min quelques fraises avec 1 cuil. à café de sucre. On étale la compote de fenouil sur un fond de pâte sablée cuit. On dispose les fraises au sucre, des fraises fraîches, on peut napper d'une gelée.

LES HARICOTS VERTS

Les choisir, les conserver

- On se régale au printemps des premiers haricots de jardin. Hors saison, ils sont importés et ont moins de goût. On les **choisit** fins ou mi-fins, rigides, très verts, sans fil. Ils sont frais s'ils se cassent net quand on les plie.
- Ils **se conservent** 2 à 3 jours dans le bas du réfrigérateur : non épluchés, on les emballe dans un papier kraft ou un torchon humide ; épluchés et lavés, dans un récipient hermétique.
- On les **congèle** rapidement après l'achat : on les lave à grande eau, on les équeute, on vérifie qu'il ne reste pas de fils, on les sèche avant de les congeler par petits paquets.

Les préparer, les cuisiner

- On les lave avant de les éplucher pour qu'ils ne s'imprègnent pas d'eau. Si on les a conservés quelques jours, on les laisse tremper dans l'eau froide pour qu'ils reprennent vigueur.
- On vérifie qu'ils n'ont pas de fils en les cassant. S'ils sont sans fils, on les **équeute** aux ciseaux. Sinon on ôte les fils à la main.
- À savoir : de la **cuisson** dépend la saveur. On les plonge dans une grande quantité d'eau bouillante. On attend la reprise de l'ébullition pour ajouter le sel. On maintient l'ébullition pendant toute la cuisson, on ne couvre pas. On les goûte régulièrement, ils doivent être croquants. On les égoutte et on les plonge 1 min dans l'eau glacée. Le choc thermique fixe la chlorophylle, ils restent verts. On les réchauffe en les plongeant 1 min dans de l'eau bouillante salée, puis on les égoutte à nouveau.
- Échalote, persil plat, estragon, sarriette sont leurs meilleurs amis.
- On les sert chauds avec de petits morceaux de beurre frais qui vont fondre à la chaleur, un filet de citron, de vinaigre de cidre ou de vinaigre balsamique blanc, cerfeuil ou estragon.

Idées gourmandes

- On les accommode tièdes, croquants, **en salade** :

  Avec une ***concassée de tomates fraîches*** *mondées, épépinées, pressées, coupées en petits morceaux, 1 cébette ou 1 oignon blanc haché, des herbes fraîches, sel, poivre, vinaigre balsamique blanc.*

  Ou avec des champignons, une ***crème citronnée****, échalotes, persil plat.*

  On les assaisonne simplement d'une vinaigrette au ***vinaigre de framboise*** *émulsionné avec sel, moutarde, huile d'olive, échalotes hachées, estragon, persil, basilic, poivre. On sert dès qu'on a versé la sauce et mélangé.*

LE NAVET

Le choisir, le conserver

- Le navet traîne une mauvaise réputation : fade, amer, filandreux. On attend le printemps, on déguste les petits **navets nouveaux**, blancs, violets et roses, vendus avec leurs fanes, et on en reparle.
- On les **choisit** ronds, lisses, fermes.
- On les **conserve** emballés dans un papier kraft 4 à 5 jours dans le bas du réfrigérateur. Les feuilles ne supportent pas d'attendre plus de 2 jours sous peine de jaunir. Fraîches, on les cuisine en potage comme les fanes de carottes (cf. p. 53).
- La **récolte d'automne** donne des navets plus gros, à la peau épaisse, moins agréables de goût et de texture.
- Le **navet blanc long**, d'environ 20 cm, doit être lourd, sans taches. Ceux fraîchement cueillis sont très tendres et sucrés, et se conservent deux semaines dans le bas du réfrigérateur.

Le préparer, le cuisiner

- On épluche généreusement les **navets d'hiver**. La peau donne de l'amertume.
- On lave simplement les **navets nouveaux**.
- On les aime **crus**, finement émincés en tranches ou en julienne-cheveux d'ange assaisonnés d'une sauce au fromage blanc :
  – aux herbes (ciboulette, estragon, cerfeuil) ;
  – ou plus relevée avec muscade, cumin, raifort ;
  – ou encore curry, curcuma, citron.

- On les poêle au beurre salé, on les **caramélise** avec un soupçon de sucre et une pincée de 4-épices pour accompagner un magret de canard.
- Blanchis 10 min, **dorés** dans de la graisse d'oie et parsemés de persil plat ciselé, ils accompagnent volailles, pintade, canard, dinde.
- On les cuisine en **purée** comme les Irlandais :

    1/3 de navets, 1/3 de pommes de terre, 1/3 de choux verts, cuits à l'eau, mixés, adoucis de 1 ou 2 cuil. à soupe de crème fraîche.

- À (re)découvrir : on épluche, on émince ou on râpe finement le **navet long**, on le mélange aux carottes en salade.

Idées gourmandes

- On bouscule les classiques avec une **purée** navets-radis noir-carottes à la réglisse :

    On cuit les légumes en morceaux dans un bouillon de poule, avec 20 cachous. On mixe avec un morceau de beurre.

- **À l'apéro**, on oublie les cacahuètes et le pâté. On propose des tranches de navet blanc long, coupées finement à la mandoline :

    Saupoudrées de fleur de sel et d'un tour de moulin de poivre noir.

    Ou trempées dans de l'huile d'olive relevée de harissa.

    Ou encore avec de la tapenade verte ou noire.

LES OIGNONS

Les choisir, les conserver

- On les **choisit** sans germe, les pelures enveloppantes et serrées, sans tache, le bulbe ferme ; un oignon mou est en train de pourrir.

- Les oignons **jaunes** au goût prononcé, les **rouges**, les **doux des Cévennes** se conservent plusieurs semaines, au sec, à l'abri de l'humidité et de la lumière.
- On suspend dans un endroit frais et sec les tresses de **roses de Roscoff**, doux et sucrés. Ils se conservent longtemps sans perdre leur saveur.
- Les **blancs nouveaux** et les **cébettes** avec leurs tiges se consomment frais et ne se conservent que quelques jours. On les place au réfrigérateur, dans un emballage hermétique pour ne pas parfumer les autres aliments.
- Mal conservés, les oignons **germent** et ne sont plus utilisables.
- Placés à côté des pommes de terre, ils absorbent leur **humidité**, germent ou pourrissent rapidement.
- On ne garde pas un **oignon entamé** : il perd sa saveur et devient toxique.
- On **congèle** les oignons hachés enfermés dans des sachets hermétiques.

Les préparer, les cuisiner

- Les oignons nous tirent des **larmes** quand on les pèle. Pour neutraliser l'enzyme lacrymal, on les épluche sous un filet d'eau, ou on les place 15 min au congélateur avant de les couper, ou on place un torchon mouillé sur la planche à découper.
- Pour **hacher** un oignon, on le coupe en deux en gardant un peu de racine pour que les pelures restent attachées, on pose chaque moitié sur une planche, on taille des tranches verticales puis horizontales.

- Hachés, ils perdent rapidement leur arôme.
- On les cuit coupés en deux **au four** 1 h à 150 °C (th. 5), arrosés d'un filet d'huile d'olive, parsemés de thym frais. Sel, poivre. Chauds, ils font merveille pour accompagner un rôti de veau ou de porc ; froids, ils équilibrent une salade de légumes grillés.
- Les **oignons rouges** crus, finement émincés, donnent de la vigueur aux salades de tomates, maïs, courgettes, roquette, avocats.
- En **bocaux** :

  On ébouillante des oignons grelots, on les épluche, on les fait mariner 24 h dans de l'eau sucrée-salée (1 l d'eau pour 100 g de sel et 20 g de sucre), on les égoutte, on les sèche. On les met en bocaux avec des aromates – clous de girofle, graines de moutarde, thym, laurier, estragon, ail, graines de coriandre et de poivre noir –, on verse jusqu'à 5 cm du bord 3/4 de vin blanc sec et 1/4 de vin rouge. On ferme. On les consomme après 2 mois.

Idées gourmandes

- On prépare un **confit d'oignons** doux au vinaigre balsamique rouge ou au bordeaux rouge et balsamique rouge, ou encore au muscat d'Alsace et balsamique blanc :

  On caramélise les oignons émincés à l'huile d'olive ou à la graisse de canard avec un peu de sucre ou de miel, on ajoute le vinaigre ou le mélange vin-vinaigre, sel, poivre, 4-épices, graines de coriandre moulues. On cuit doucement, à couvert, environ 1 h, en surveillant souvent la consistance. Le confit est prêt quand les oignons sont fondants. On met en pot tout chaud, on ferme, on retourne le pot. On peut le congeler. À Noël, il accompagnera le foie gras en douceur *(cf. p. 114).*

◆ On se régale de **calçots**, petits oignons catalans doux et tendres qui ressemblent aux cébettes, **en tempura** :

La pâte à tempura c'est : 100 g de farine de blé, 50 g de farine de riz, 1/2 sachet de levure chimique, 1 œuf entier, 15 cl d'eau gazeuse très froide. On enroule dans la pâte les oignons entiers ou coupés en deux et on les fait frire dans de l'huile à 180 °C.

LES PANAIS

Les choisir, les conserver

◆ Dès mi-août, les panais sont sur les marchés. On les **choisit** petits, blanc ivoire, denses et fermes. On évite les gros, jaunes foncés et tachés. Les plus frais sont vendus avec leurs fanes.

◆ On les **conserve** 3 semaines dans un sac en papier dans le bac à légumes du réfrigérateur.

Les préparer, les cuisiner

◆ On enlève la terre et les cheveux en les lavant. On épluche les gros, on garde la peau des petits. On les plonge dans de l'eau citronnée si on ne les utilise pas immédiatement.

◆ On ôte le cœur, parfois filandreux, avant de les cuisiner.

◆ À tester : on les déguste **crus** en julienne fine avec le jus de 1 citron, de l'huile d'olive, sel, poivre.

◆ Ou **glacés** : coupés en bâtonnets, revenus dans du beurre mousseux (cf. p. 8), miel, gingembre râpé, poivre, 4-épices, mouillés de bouillon de poule. On pose un papier de cuisson troué à la surface, on les cuit doucement. Ils sont prêts quand il n'y a plus de liquide.

- Valeur sûre : on les aime en **purée** associés aux carottes, pommes de terre, navets, céleri-rave.
- On les rôtit **au four**, coupés en morceaux, déposés sur une plaque, arrosés d'huile d'olive, parsemés de fleur de sel. On laisse cuire 30 min à 200 °C (th. 6-7) en les retournant deux fois. Ils sortent dorés et croustillants.
- Raffiné : on les **associe** à la cardamome, au cumin, à la coriandre.

Idée gourmande

- On marie le panais et la poire dans un **velouté** :

On ajoute à 1 oignon revenu à l'huile d'olive, 1 pomme de terre, 4 panais, 4 poires coupées en morceaux. On mouille avec du bouillon de poulet. Après 20 min de cuisson, on mixe avec de la crème. On vérifie l'assaisonnement. On sert parsemé de persil plat avec des croûtons revenus à l'huile d'olive.

LES POIS ET FÈVES

Les choisir, les conserver

- C'est au printemps et en été que les **petits pois** sont au mieux de leur forme. Pleins, fermes, la peau lisse et brillante, d'un vert sans taches.
- On **choisit** les petits, sucrés et tendres.
- On trouve parfois chez le maraîcher des « **petits pois croquants** ». On en achète une poignée et on les mange entiers crus, cosse et pois. Un délice !
- Les petits pois vendus **hors saison**, importés, ont belle allure mais sont parfois durs et farineux.

◆ Il faut **compter** 1,5 kg de petits pois pour 4 personnes.

◆ On guette l'arrivée des **pois gourmands ou mange-tout**. Les premiers, avec la fleur, sont très tendres. On les choisit petits, souples, plats, sans fils, d'un vert tendre. Les gros sont filandreux et demandent un épluchage minutieux. 1 poignée par personne est suffisante.

◆ On profite de la courte saison des **fèves.** On tâte les cosses pour s'assurer qu'elles sont bien remplies.

◆ Petits pois, mange-tout, fèves se consomment rapidement après l'achat. On les **conserve** 2 jours dans le bac à légumes du réfrigérateur, enveloppés dans un sac en papier, ou 3 jours épluchés dans un emballage hermétique.

◆ On écosse les petits pois et les fèves fraîchement cueillis, avant de les **congeler**. On ébouillante 30 s les plus gros, on les rafraîchit, on les sèche, on les met en sacs hermétiques pour les congeler.

◆ On les **décongèle** au réfrigérateur, à température ambiante ou plongés glacés dans de l'eau bouillante.

Les préparer, les cuisiner

Les petits pois

◆ La cuisson des **petits pois** varie suivant l'ancienneté et la grosseur. On les cuit croquants, on ajuste la cuisson en les goûtant deux ou trois fois. Les petits nouveaux cuisent en cocotte 10 à 12 min avec du beurre, 2 verres d'eau, sel, poivre, estragon ou menthe. On plonge les gros dans de l'eau bouillante salée entre 20 et 30 min.

◆ On glisse un bâton de **réglisse** dans l'eau de cuisson.

◆ On les déguste blanchis 3 min, refroidis, **poêlés** au beurre salé mousseux (cf. p. 8), parsemés de thym frais ou de feuilles de menthe, sel, poivre.

- On les cuisine **à la française**, cuits, égouttés, refroidis et poêlés rapidement avec des lardons fumés et 1 oignon.

Les fèves

- On déguste les jeunes **fèves crues**, tendres et sucrées à la croque au sel. On les écosse et on retire le petit appendice qui les relie à la cosse. Inutile d'enlever la première peau.
- Au fil de la saison, la **peau** des fèves s'épaissit, il faut retirer la première peau en les ébouillantant 30 s. On les refroidit, on les émonde, on ôte le germe amer. Elles sont prêtes à l'emploi.
- On les **cuit** 5 min à l'eau salée avec un bouquet de sarriette.
- **En salade**, on les mêle à des cœurs d'artichauts accompagnés d'une sauce aillée, ou encore avec des courgettes émincées, des petits oignons crus et de la feta.

Les pois gourmands

- Le plus simple est le meilleur pour les **mange-tout.** Poêlés au beurre salé, ou ébouillantés 4 min et servis avec du beurre frais.

Idées gourmandes

- On se rafraîchit avec un **velouté froid** de petits pois à la menthe :

  On cuit les petits pois (2 kg pour 6 personnes) dans un bouillon de volaille avec 2 échalotes ciselées, 1 sucre. On goûte avant de saler à cause du bouillon. On mixe avec 1 louche de bouillon, une douzaine de feuilles de menthe et de la crème fleurette. On ajoute du bouillon si nécessaire. On passe au chinois pour l'onctuosité, on poivre. On met au frais, on parsème de menthe ciselée. Ou on remplace la menthe par l'estragon.

- Pour une **macédoine** de chef étoilé, on cuit séparément carottes, navets, pommes de terre, petits pois. On les colore ensuite ensemble au beurre 3 min. Résultat exceptionnel.

◆ En **salade** :

On associe des fèves fraîches blanchies 5 min et rafraîchies avec 1 orange et 1 pamplemousse épluchés à vif, du fenouil et un oignon rouge émincés, des feuilles de mâche. On assaisonne d'une émulsion au vinaigre balsamique blanc, huile d'olive, gingembre râpé, sel, poivre, coriandre ciselée.

LE POIREAU

Le choisir, le conserver

◆ On s'informe de la **provenance**. Les meilleurs viennent de Normandie et de Bretagne. Les poireaux classés AOC sont cultivés dans le sable, ils sont tendres, parfumés, sucrés.

◆ Les jeunes poireaux de printemps sont fins, blancs, sans taches, la tige ferme sans être dure. Les poireaux de fin de saison sont parfois forts en goût et ont le cœur dur. On les **choisit** avec les feuilles vertes bien enroulées et souples.

◆ Les poireaux non épluchés avec les barbes terreuses et les feuilles **se conservent** une dizaine de jours dans le bac à légumes du réfrigérateur.

◆ On met les poireaux épluchés entiers ou en morceaux au réfrigérateur dans une boîte hermétique. Ils se conservent 2 semaines.

◆ Les poireaux **cuits** doivent être mangés rapidement.

Le préparer, le cuisiner

◆ On ôte les premières feuilles des gros poireaux. On garde 10 cm de feuilles vertes, on coupe les barbes et le pied dur. On incise verticalement le poireau jusqu'au blanc, on écarte les feuilles, on les lave à grande eau.

- Les **feuilles vertes** parfument les bouillons, les plats mijotés, servent à emballer le bouquet garni.
- Cuits **à la vapeur**, ils gardent leur léger goût sucré et n'envahissent pas la cuisine d'une odeur peu agréable. On les mange tièdes en vinaigrette ou avec un beurre fondu citronné.
- Les petits nouveaux se dégustent **crus**, le blanc émincé à la mandoline, mariné 1 h avec des crevettes cuites, des échalotes, le jus de 1 citron, de la coriandre fraîche, sel, poivre. On les sert avec des tartines de pain grillé au beurre salé.

Idées gourmandes

- Les petits poireaux **poêlés** au beurre sont fondants et craquants :

  On enlève la première peau et les 3/4 du vert, on fait fondre dans une poêle un morceau de beurre salé. Quand il mousse on ajoute les poireaux, on les enrobe de beurre, on mouille d'eau à hauteur, on ajoute 1/2 gousse de vanille fendue et ses graines grattées, sel, poivre, on couvre à demi, on cuit lentement jusqu'à évaporation de l'eau. Les poireaux sont tendres et la première peau grillée. Attention au sel, le beurre salé en apporte.

- On ne manque pas une **fondue** de poireaux pour accompagner poissons et coquillages :

  On fait fondre au beurre des poireaux émincés, on poivre, un soupçon de muscade, 1 ou 2 cuil. à soupe d'eau, on laisse compoter doucement à couvert jusqu'à ce qu'ils soient tendres. On ajoute 1 cuil. de crème épaisse.

LES POMMES DE TERRE

Les choisir, les conserver

- On regarde et on touche les pommes de terre à l'achat. Elles doivent être fermes, lisses, sans yeux ni germes. On évite celles qui sont ridées. Mal conservées, elles peuvent laisser apparaître des taches vertes qui donnent un goût amer. On ôte celles-ci avant de les cuire.

- Les pommes de terre sont capricieuses. Il y a celles qui ne supportent pas l'eau, celles qui aiment rôtir, d'autres préfèrent les bains de vapeur, et certaines, plus fantaisistes, qui s'accommodent de tout. On les choisit en fonction de leur utilisation :
  – Pour **rissoler** : charlotte et nicola.
  – Pour la **salade** et la **cuisson vapeur** : amandine, belle de Fontenay, roseval, chérie, ratte, charlotte, nicola.
  – Pour une **purée** : bintje, monalisa, manon, désirée.
  – Pour l'**écrasée de pommes de terre** à la fourchette : charlotte, amandine, chérie, roseval.
  – Pour les **frites** : bintje, caesar, manon, désirée.
  – Pour les **mijotés** : charlotte, amandine, belle de Fontenay, chérie.
  – Pour la cuisson **au four**, avec ou sans peau : monalisa et agata.
  – Pour les **gratins** : la BF15 est parfaite.

- On obtient des **purées de couleur** bleu, violet, rouge avec des variétés anciennes : la bleu d'Artois, la vitelotte, la rose de France.

- On achète par petites quantités les **primeurs** cultivées dans le sable et les AOC : bonnotte de Noirmoutiers, grenailles de l'île de Ré, charlotte, agata, amandine du Cotentin, béa du Roussillon. On les cuisine rapidement.

- L'humidité accélère la **germination**, elles deviennent molles. On les couvre de papier kraft ou, mieux, d'un sac de jute.

- Si elles ont germé, on ôte les germes et on les utilise rapidement, avant que les germes ne repoussent.
- Il est préférable de les cuisiner moins de 1 semaine après l'achat.
- Certaines variétés **se conservent** 2 à 3 semaines – ratte, désirée, juliette, charlotte – à l'abri de la lumière, dans un endroit frais, entre 7 et 10 °C, au sec.
- On ne les place pas à côté des oignons, à moins de vouloir les parfumer.
- On les stocke toujours non lavées.
- Cuites, une courte station au réfrigérateur altère leur goût.
- La **patate douce** se démarque de ses cousines par sa couleur rose et sa saveur sucrée. Elle est plus fragile, sa conservation est plus courte.

Les préparer, les cuisiner

- Après les avoir épluchées, on les plonge dans l'eau froide un moment pour les débarrasser de l'**amidon**. Puis on les sèche toujours dans un torchon. Cette opération est indispensable pour les frites et les pommes rissolées ou au four, sinon elles colleront et ne seront pas croustillantes.
- Pour les **gratins**, on conserve l'amidon, on les lave rapidement sous un filet d'eau, épluchées et entières. On les sèche.
- Quand on les cuit **à l'eau** épluchées, on les laisse entières. Coupées en morceaux, elles s'imprègnent d'eau et risquent de se défaire. Avec ou sans peau, on débute la cuisson à l'eau froide salée. On vérifie la cuisson avec la pointe d'un couteau.

- Pour obtenir des pommes de terre sautées **croustillantes**, on attend qu'elles soient dorées pour les saler, sinon elles restent blanches.
- On cuit les pommes de terre **primeurs** avec la peau dans un beurre clarifié (cf. p. 8). Elles cuiront sans brûler.
- On donne du peps à une **purée** ou à une **écrasée** de pommes de terre en parfumant l'eau de cuisson de laurier, gousse d'ail, branche de céleri, thym, sauge.
- Une touche de chicorée en poudre délayée dans un peu de lait apporte à une **purée** un parfum étonnant.
- Le secret pour obtenir des **frites** croustillantes, c'est de les blanchir 1 min à l'eau bouillante. On les égoutte, on les laisse refroidir. Suivent deux bains de friture : le premier à 160 °C, le second à 180 °C. Un travail récompensé.
- Pas de bonne **purée** sans moulin à légumes manuel. On choisit des pommes de terre de tailles identiques, on les cuit épluchées. On les égoutte, on les écrase au moulin à grille fine, on ajoute un beau morceau de beurre frais par petites touches. Les pommes de terre aiment le beurre ! On remet la casserole sur feu doux et on ajoute du lait bouillant jusqu'à la bonne consistance. On poivre. On sert immédiatement. Une pointe de muscade ou de 4-épices apporte un brin de fantaisie.
- On prépare soi-même des **chips** de pommes de terre à servir à l'apéritif. C'est tellement meilleur et si facile avec la mandoline :

  On émince finement les pommes de terre. On les plonge dans l'eau froide pour ôter l'amidon, on les essuie, on les place sur une feuille de papier de cuisson huilée au pinceau. On les badigeonne d'huile d'olive, sel, poivre, cumin, thym frais. On les glisse au micro-ondes, à puissance maximale, pour 2 min. On retourne les chips, on les huile à nouveau, sel, poivre. On laisse cuire encore 2 min. Le temps est plus ou moins long suivant les fours. On les sert rapidement.

Ou bien on plonge 3 min les tranches parfaitement essuyées dans de l'huile à 160 °C. On les dépose sur un papier absorbant, on sale.

Ou encore au four, à 150 °C (th. 5) pendant environ 40 min. On les sèche, on les dépose sur du papier de cuisson, on les huile, avec du sel et, au choix, origan, sarriette, cumin, thym. On les retourne une fois. Elles sortent craquantes et dorées.

◆ Le **gratin dauphinois** sera moelleux si on cuit quelques minutes les pommes de terre coupées en rondelles fines dans du lait parfumé d'un bouquet garni, avant de les déposer égouttées dans un plat frotté d'ail et beurré. On les recouvre de crème fleurette, sel, poivre, muscade. On enfourne pour 1 h dans un four à 180 °C (th. 6). On sale en fin de cuisson sous peine de les voir éclater.

Idées gourmandes

◆ Plus vite fait qu'une purée, l'**écrasée de pommes de terre** :

On fait cuire, à l'eau salée parfumée d'une feuille de laurier, des pommes de terre à chair ferme – charlottes, rates, chéries – épluchées. On les égoutte, on les écrase grossièrement à la fourchette dans un saladier chaud, on ajoute du beurre fondu ou de l'huile d'olive. On poivre, on cisèle de la ciboulette. Les jours de fête, on râpe de la truffe.

◆ Un parfum d'ail en douceur dans un **râpé de pommes de terre**, c'est subtil :

On râpe en julienne moyenne des pommes de terre BF15, on les plonge dans l'eau, on les égoutte, on les sèche. On les fait revenir à la poêle dans de l'huile et du beurre pour les dorer. On les met dans un moule à manqué beurré et frotté d'ail, on les glisse au four à 180 °C (th. 6) pour 40 min environ. C'est croustillant dessus et moelleux dedans.

- Les **pommes de terre gonflées** au four font le bonheur des enfants.

  On coupe des pommes de terre à chair ferme en trois ou quatre tranches de 1 cm d'épaisseur dans la longueur. On les essuie, on les pose sur la grille du four avec une pincée de gros sel, on enfourne à 210 °C (th. 7). On les retourne après 15 min. On poursuit la cuisson jusqu'à ce qu'elles soient dorées et gonflées. Chacun les tartine de beurre frais et en redemande.

LE POIVRON

Le choisir, le conserver

- Il nous en fait voir de toutes les couleurs : vert, jaune, orange, rouge, blanc, noir, violet ou brun. On le **choisit** ferme, brillant, lisse, sans taches, le pédoncule rigide et vert.
- Il prend de la **couleur** en mûrissant : le rouge, sucré, est à maturité, le vert n'est pas encore mur et amer. Les blancs, noirs, violets, bruns sont de nouvelles variétés excellentes.
- On **conserve** le poivron 1 semaine dans le bac à légumes du réfrigérateur. À température, il se flétrit rapidement.
- On le **congèle** lavé, séché, découpé en lanières ou en morceaux dans un sac hermétique.
- Ou on le met **en bocal** une fois grillé, pelé et découpé en lanières, avec de l'ail et de l'huile d'olive. Fermé hermétiquement, il se conserve 2 mois.

Le préparer, le cuisiner

- Le poivron peut se préparer avec la peau mais il est plus digeste **épluché**. On choisit entre plusieurs méthodes.

- On le grille entier à 240 °C (th. 8) jusqu'à ce qu'il noircisse. Refroidie, la peau s'enlève facilement. On peut aussi le couper dans la longueur en deux ou trois et le débarrasser de ses pépins avant de le griller. Cette façon de faire est la plus rapide.
- On le plonge 3 min dans l'eau bouillante, on le refroidit dans de l'eau glacée, la peau part aisément, ou on l'épluche très finement avec un éplucheur double lame à dents crantées (ou éplucheur-tomate, cf. p. 13).
- Tout simple : on fait **mariner** les poivrons avec un peu d'huile d'olive, de l'ail, du thym frais ou du basilic, de la fleur de sel et du poivre.
- On les sophistique en les cuisant au four, **farcis** de petits légumes croquants revenus dans de l'huile d'olive, ou encore avec des restes de viande, hachés, parfumés d'herbes, d'épices et d'oignon, liés avec un œuf battu.
- On pense à la traditionnelle **piperade** : des œufs battus en omelette cuits sur une compotée de poivrons aux oignons et à l'ail.

Idées gourmandes

- On colore une **panna cotta** :

  On incorpore dans de la crème fleurette chaude de la gélatine ramollie à froid. On la mixe avec des poivrons rouges débarrassés de leur peau au gril, 1 gousse d'ail dégermée et blanchie, des feuilles de basilic, coriandre ou thym frais, sel, poivre. On met en verrine, au froid. On sert en parsemant de crumble au parmesan.

- **À tartiner** :

  On cuit en cocotte fermée des poivrons de différentes couleurs épluchés, coupés en morceaux, avec de l'huile d'olive, du sucre, quelques gouttes de vinaigre de vin rouge ou balsamique, 1 gousse d'ail en chemise (cf. p. 9), 2 cuil. à soupe d'eau, sel, poivre. Après 15 min, on enlève le couvercle et on laisse compoter. On retire la gousse d'ail, on l'écrase pour en sortir la chair que l'on mélange aux poivrons. On ajoute en fin de cuisson des herbes au choix – basilic, menthe, coriandre, thym. On en tartine du pain grillé avec des anchois.

LES TOMATES

Les choisir, les conserver

- Qu'elles soient rouges, jaunes, oranges, vertes ou noires, rondes, ovales ou biscornues, il faut être patient. On attend les tomates de printemps et d'été, les plein-champ, douces, acidulées, sucrées, parfumées. On **choisit** les torturées et les éclatées gonflées de soleil, pour retrouver le goût de la tomate. Les rondes, lisses, toutes identiques, présentes toute l'année, ont peu de saveur.
- On regarde la **provenance**, on sélectionne celles des maraîchers de sa région.
- On les **choisit** fermes, charnues, la peau brillante et lisse, le pédoncule vert.
- On teste les **différentes variétés** :
  – la marmande généreuse et parfumée ;
  – la cœur de bœuf au bel arôme ;
  – la rose et la cornue douces ;
  – la green zebra acidulée ;
  – l'ananas sucrée ;
  – la roma ou les tomates très mûres pour les sauces et les coulis.
- On peut les garder dans le bac à légumes du réfrigérateur, mais le froid prolongé tue le goût. La meilleure façon est de les **conserver** à température ambiante et de les préparer rapidement.

Les préparer, les cuisiner

- On les **monde** pour de nombreuses préparations. On les plonge 2 s dans l'eau bouillante, on les refroidit ou on se sert du couteau épluche-tomate (cf. p. 13).

- On les coupe en deux pour ôter les pépins. On les presse pour en extraire l'eau et n'avoir que la pulpe.

- Sans chichis : on pense aux tomates, oignons, aubergines en tranches épaisses, cuits longtemps **au four** à 160 °C (th. 5-6), sel, poivre, fleur de thym, huile d'olive. On déguste ces légumes chauds pour accompagner l'agneau, ou froids en entrée avec un fromage de chèvre frais. On les conserve plusieurs jours dans une boîte hermétique au réfrigérateur.

- Quelle différence la **salade de tomates** préparée avec des tomates mondées ! L'assaisonnement le plus simple est le meilleur. La marmande, la cœur de bœuf, la délice d'or, la green zebra ne demandent qu'un peu de fleur de sel pour restituer leur saveur. Le persil plat, les petits oignons blancs et les cébettes leur vont bien. Le basilic est indispensable quand on les sert avec de la mozzarella de bufflonne. Une branche de céleri en julienne et ses feuilles vertes ciselées réveillent leurs arômes.

- Pour réhydrater des **tomates séchées**, on les met dans une casserole d'eau froide avec 2 cuil. à soupe de vinaigre de vin rouge, thym, laurier, on porte à ébullition. On stoppe, on laisse refroidir dans l'eau, on égoutte. On mixe avec oignons frais, ail, herbes (coriandre, basilic, persil plat), sel, poivre et huile d'olive. On étale cette pâte sur du pain grillé ; on en garnit un fond de tarte à la tomate fraîche ; elle accompagne aussi les pâtes, le riz.

- En septembre, c'est le moment de préparer des **bocaux de tomates** nature ou en coulis. Conservation au frais 2 semaines, stérilisation 3 min en Cocotte-Minute ou congélation.

Idées gourmandes

- L'été, on fait le plein de vitamines avec une **salade à boire** :

  On mixe 2 oignons, 8 tomates mondées, 1 concombre épépiné, avec du basilic et du persil plat frais et du pain ramolli dans du vinaigre balsamique. En le passant au chinois on transforme ce « gaspacho » en coulis – royal avec des queues de langoustines ou des crevettes roses accompagnées d'une brunoise de concombre.

- Que c'est bon, le **ketchup maison** !

  On fait revenir 2 petits oignons et 5 gousses d'ail dans de l'huile d'olive, on ajoute 6 grosses tomates mondées, épépinées. Sel, poivre. On cuit 30 min. On passe au moulin à légumes à grille fine. On cuit cette purée 20 min avec 8 cuil. à soupe de sucre en poudre, 1 verre de vinaigre de vin rouge, 1 cuil. à soupe de moutarde, du paprika, piment de Cayenne, gingembre, muscade, thym, un peu de concentré de tomate. Ce ketchup se garde au réfrigérateur 2 semaines ou se congèle.

LES LÉGUMES SECS ET LE RIZ

Les choisir, les conserver

- On **conserve** les légumes secs – lentilles, haricots blancs ou rouges – 2 ans dans un bocal fermé hermétiquement. Une gousse d'ail et une feuille de laurier dans le bocal éloignent les charançons ou les mites alimentaires.
- On les **congèle** cuisinés.
- Le **riz** se conserve 2 à 3 ans dans un bocal fermé hermétiquement. On choisit le riz en fonction des plats à préparer :
  - le riz long classique, le basmati et le thaï, délicatement parfumés, sont les plus courants et conviennent à toutes les préparations ;
  - on utilise le rond pour les desserts ;
  - le japonica pour les sushis ;
  - l'arborio et le carnaroli pour le risotto.

Les préparer, les cuisiner

- On ne fait pas tremper les légumes secs. Le **trempage** favorise la fermentation.

LES HARICOTS SECS

Les préparer, les cuisiner

- On blanchit les **haricots blancs et rouges** : départ à l'eau froide non salée et 5 min d'ébullition. On les laisse refroidir dans leur eau. On les égoutte et on recommence une cuisson dans une nouvelle eau froide non salée, avec bouquet garni, oignon. Cuisson à frémissement pendant 45 min. On sale seulement en fin de cuisson sous peine de les voir éclater.

LES LENTILLES

Les préparer, les cuisiner

- On cuit les **lentilles** dans trois fois leur volume d'eau froide non salée, doucement après l'ébullition. On ne les cuit pas dans un bouillon salé. On les goûte pour une juste cuisson, de 20 à 40 min suivant leur ancienneté. On met un bouquet garni, 4 clous de girofle et 1 étoile de badiane dans l'eau de cuisson. C'est tout de suite meilleur. On ne les sale qu'en fin de cuisson. On compte 50 g par personne.
- On **assaisonne** les lentilles quand elles sont chaudes.
- **En salade**, on met trois fois plus de vinaigre que d'huile, par exemple, 2 cuil. à soupe de vinaigre de vin, 1 cuil. à soupe de vinaigre balsamique, 1 cuil. à soupe d'huile d'olive ou de noix, échalote, persil plat, basilic, poivre.
- Le cumin, le ras el-hanout, le lait de coco lui vont bien.
- Le **velouté de lentille** se dévergonde avec une pointe de curry et du lait de coco.

LE RIZ

Le préparer, le cuisiner

- On rince le riz long. On ne lave pas le riz parfumé.
- Il faut compter 4 cuil. à soupe de riz par personne.
- On le cuit sans souci **au rice-cooker** avec une fois et demie son volume d'eau très légèrement salée. On ne sale pas les riz thaï ou basmati destinés à accompagner une recette asiatique.
- **À la casserole**, on démarre la cuisson dans une fois et demie le volume d'eau froide, on couvre hermétiquement dès l'ébullition et on cuit à très petit feu environ 10 min. Le riz doit être *al dente*.
- On **parfume** l'eau de cuisson avec 1 feuille de laurier ou 1 étoile de badiane, 1 tige de citronnelle, du safran, 1 morceau de gingembre ou encore 1 touche de pâte de curry.
- Un reste de riz **grillé à la poêle** dans un peu d'huile d'olive ou de sésame sera craquant et parfumé.
- On lave plusieurs fois le **riz japonica** pour éliminer l'amidon. Quand l'eau est claire, on égoutte le riz dans un tamis. On le cuit dans une fois son volume d'eau non salée – 10 cl d'eau pour 100 g –, départ à l'eau froide. On couvre hermétiquement, on réduit le feu à l'ébullition, on cuit doucement 10 min après l'ébullition. Repos hors du feu 10 min pour que le riz gonfle. On laisse refroidir avant de mélanger au vinaigre à sushi (vinaigre de riz, sucre et sel). Le riz est prêt pour faire des boulettes ou pour la préparation de sushis et makis.

Idées gourmandes

- Inégalé, le **risotto** se prépare en 20 min, selon une cuisinière milanaise :

  Une poêle haute à fond épais, une cuillère en bois, du bouillon de bœuf maison et de la patience sont les clés de sa réussite. Pour 2 personnes, on fait revenir doucement 1 oignon émincé à l'huile d'olive avec 10 g de beurre. Quand il est translucide, ou ajoute 160 g de riz lavé – arborio ou carnaroli –, on mouille avec 1/2 verre de vin blanc sec, on ajoute 2 pistils de safran, on en imprègne le riz. Quand il n'y a plus de liquide, on ajoute une louche de bouillon bouillant. Dès qu'il est absorbé, on remet une louche et ainsi de suite jusqu'à ce que le riz soit cuit. On maintient le bouillon à frémissement pendant toute la cuisson du riz. On se méfie d'une cuisson trop longue, il doit rester al dente. *Hors du feu, on ajoute 1 cuil. à soupe de mascarpone pour qu'il soit crémeux et du parmesan.*

  On fait de jolies assiettes en moulant le riz avec un cercle ou dans un petit bol beurré et retourné. On le sert avec des champignons sauvages ; les cèpes apportent une saveur exceptionnelle.

- La **terrinée**, une ancienne recette normande – et gourmande ! – de riz au lait crémeux :

  On fait bouillir 1 l de lait cru entier (non pasteurisé) avec 5 cuil. à soupe de sucre en poudre, les graines et l'enveloppe de 1 gousse de vanille, 1 bâton de cannelle (ou 1 cuil. à café de cannelle en poudre), 3 cuil. à soupe de beurre. On ôte la gousse de vanille, on verse le lait bouillant dans une terrine beurrée avec 6 cuil. à soupe de riz rond lavé. On enfourne à 140 °C (th. 4-5) pour environ 3 h 30. On n'y touche plus. Le riz se transforme en crème. On le sert tiède.

PAROLES DE CHEFS

« LES LÉGUMES ME METTENT EN JOIE. IL Y A MILLE FAÇONS DE LES TRAVAILLER : LA CHAIR, LA PEAU, LES FEUILLES, LES RACINES... TOUT ME FAIT RÊVER. C'EST LE LÉGUME QUI AFFINE LE CARACTÈRE D'UN PLAT. »

Marie-Christine Klopp,
de La flamiche, à Roye

LA VIANDE ET LES VOLAILLES

LA VIANDE

La choisir

- Rien de mieux que d'être l'ami de son boucher. On apprend beaucoup en lui parlant, en le regardant manier ses couteaux, nouer la ficelle des rôtis, en lui confiant nos préférences, en écoutant ses conseils, en appréciant son savoir-faire. Il sait sélectionner le meilleur morceau et le bon poids pour les plats à préparer.
- On s'informe de la **provenance** de la viande. On déchiffre les labels :
  - VPF : viande française ;
  - CCP : certificat de conformité des produits pour une qualité contrôlée régulièrement ;
  - Label rouge : viande supérieure ;
  - AOC et AOP caractérisent les bêtes de terroir.
- On regarde la couleur de la viande. Une pièce de **bœuf** doit être persillée (cf. p. 9), d'un rouge foncé. Rouge vif, elle est trop fraîche, moins tendre et a besoin de rassir encore quelques jours.
- Le **veau** de belle qualité est blanc rosé, a un grain serré, la graisse qui l'entoure est ferme et blanche.
- La chair du **porc** est fine, rose foncé, ferme. Sa graisse est blanche, épaisse, sans trace d'humidité. La chair du porc âgé a une couleur prononcée, sa viande est moins tendre.
- L'**agneau de lait** n'a pas plus de 5 mois. Il est à son meilleur au printemps. Il a une chair rose claire, presque blanche et brillante, une graisse blanche et ferme. Les baies de Somme et du Mont-Saint-Michel sont les terroirs des agneaux de prés-salés, élevés sur les

herbages côtiers, les herbus. On les trouve d'avril à juin, leur chair fine a une saveur exceptionnelle.

- Plus l'agneau prend de l'âge, plus sa chair fonce. Au-delà d'un an, c'est un **mouton**, sa viande est plus forte.

La conserver

- On place la viande au **réfrigérateur** dans le papier d'emballage du boucher, sur une assiette au cas où le sang s'écoulerait. Les viandes en morceaux se conservent 3 jours ; hachées, pas plus de 2 jours.
- Si on souhaite **conserver** la viande plus longtemps, jusqu'à 10 jours, on la fait mettre sous vide par son boucher.
- Le boucher conseille de **congeler** la viande aussitôt après l'achat en la plaçant dans un sac de congélation hermétique. On ne l'enveloppe jamais dans du papier aluminium ou de cuisson, qui risque de coller à la viande à la décongélation.
- On la **décongèle** 48 h avant de la cuisiner en la plaçant au réfrigérateur.

La préparer, la cuisiner

- On demande au boucher de désosser, ficeler, tracer, parer, farcir, émincer. C'est un pro !
- On sort toutes les viandes du réfrigérateur au minimum 30 min avant de les cuisiner pour éviter les chocs thermiques.
- On ne pique pas la viande, on la retourne avec une pince ou deux cuillères.
- Toutes les viandes se détendront et le jus se répartira dans la chair si on les laisse reposer après cuisson une dizaine de minutes à la

porte du four, dans le plat, la cocotte, la poêle, couvertes de papier aluminium ou de cuisson.

LE BŒUF

Le préparer, le cuisiner

Le steak

◆ On sort le steak du froid 30 min avant de le cuire.

◆ On le sale uniformément avant de le poêler.

◆ La chaleur idéale pour le saisir est de 150 °C, aussi utilise-t-on de l'huile ou du beurre clarifié (cf. p. 8) qui ne brûle pas – le beurre noircit au-delà de 120 °C. On dépose la viande dans la poêle chaude et on n'y touche plus : on la laisse croûter avant de la retourner sans la piquer.

◆ On pose le doigt sur la viande pour vérifier la cuisson : souple, elle est saignante ; ferme, elle est cuite.

Le rôti de bœuf

◆ Pour un bon rôti, le boucher conseille la poire, le pavé de pièce noire, le rumsteck, le faux-filet, le filet pour les dîners d'exception. La barde n'est pas indispensable.

◆ On préchauffe le four à 200 °C (th. 6-7) en même temps que le plat ou la plaque du four.

◆ On assaisonne la viande avant de l'enfourner, on dépose dessus des morceaux de beurre, on parfume le jus en ajoutant dans le plat des aromates – thym, laurier, gousses d'ail en chemise (cf. p. 9), petits oignons.

- À mi-cuisson, on verse dans le plat 1 verre d'eau chaude ou de bouillon. On ne pique pas le rôti, le sang s'écoulerait. Si l'on est amateur d'ail, on dispose les gousses en chemise autour du rôti, ce qui parfume autant la viande.
- Pour une cuisson saignante, on compte 20 min par kilo, 25 min pour une cuisson à point. On peut vérifier la cuisson avec un thermomètre piqué au cœur de la viande : saignant, 63 °C ; rosé, 68 °C ; à point 70 °C.
- On décolle les sucs de cuisson à la chaleur avec de l'eau chaude ou du bouillon.
- 10 min de repos obligatoire. Certains chefs laissent reposer un temps égal à celui de la cuisson. Pour garder la chaleur, on laisse la viande à l'entrée du four éteint, porte ouverte, on la recouvre de papier aluminium.
- Un détail qui compte : on sert la viande sur un plat chaud.
- Le rôti de **bœuf à la ficelle** est une autre façon de cuire une tende de tranche, un rumsteak ou, mieux, un filet :

  On le cuit dans un bouillon de légumes ou de pot-au-feu. Le boucher ficellera le rôti en laissant dépasser largement la ficelle aux deux extrémités. On l'attache à une cuillère en bois posée à cheval sur la cocotte qui contient le bouillon de façon qu'il trempe sans toucher le fond.

  On le plonge dans le bouillon en ébullition pour saisir la viande, on le cuit à frémissement 8 min par livre pour qu'il soit saignant, 12 min si on le veut rosé (68 °C à cœur).

  On l'accompagne d'une sauce vite préparée : 2 échalotes émincées fondues au beurre et 2 louches de bouillon. On réduit de moitié, on ajoute 2 cuil. à soupe de crème, on réduit pour épaissir. Sel, poivre. Ce plat mérite une étoile !

La côte de bœuf

◆ On badigeonne de beurre fondu ou d'huile toutes les faces d'une côte de bœuf à cuire au barbecue. Gros sel, poivre.

◆ Pour une côte de bœuf saignante de 1 à 1,3 kg, il faut compter 10 à 12 min de cuisson de chaque côté. Température à cœur : 63 °C.

◆ On la retourne plusieurs fois avec des pinces, elle ne doit pas être piquée pour garder le sang.

◆ On la laisse reposer 10 min, couverte de papier aluminium pour que la chaleur pénètre à cœur.

Les mijotés de bœuf

◆ On choisit le gîte à la noix, le paleron, la basse côte pour le **bœuf-carottes,** le paleron, le gîte, le jarret, les joues, pour la **daube.** Ces plats mijotent en cocotte en fonte au minimum 3 h. On peut aussi faire dorer les morceaux et continuer la cuisson au four, en ajoutant la marinade, à 120 °C (th. 4), 3 h ou plus. On peut l'oublier sans crainte, la viande sera savoureuse et fondante.

◆ On goûte à la **daube à la queue de bœuf** du boucher :

Il dore la viande à l'huile d'olive, la flambe à l'eau-de-vie, ajoute vin blanc, tomates fraîches, coulis, bouquet garni, ail, oignon, zeste d'orange, sel, poivre. Cuisson 7 à 8 h, tout doucement.

◆ Une **daube marinée** au vin blanc est plus douce. Mais rouge ou blanc, un bon vin fait un meilleur plat. Un os de veau donne du corps à la sauce.

◆ Pour un **pot-au-feu** savoureux, on associe trois ou quatre viandes grasses, maigres, gélatineuses : plat de côte, paleron, gîte-gîte, macreuse, jumeau, queues, os à moelle. Certains chefs ajoutent de l'agneau et du jarret de veau.

- Si on met les viandes à l'eau froide, on aura un excellent bouillon, mais plongées dans l'eau bouillante, elles seront plus moelleuses.
- On prépare le pot-au-feu la veille ou l'avant-veille. On le cuit 3 h avec un bouquet garni, du poivre en grains, les légumes, sauf les pommes de terre. On le réserve au frais, on le dégraisse le lendemain, il n'en sera que meilleur. On le remet à cuire 30 min avec les pommes de terre avant de servir.
- Un plus : on l'accompagne d'une sauce au persil – mie de pain trempée dans du vinaigre de vin, mixée avec persil plat, ail, huile d'olive.
- Quand il reste du bouillon de pot-au-feu, on pense au *pho*, soupe vietnamienne au bœuf (cf. p. 35).

Le carpaccio de bœuf

- On aime le **carpaccio** de bœuf, tranché fin par le boucher dans la pièce noire ou la tende de tranche. Malin : pour l'avoir encore plus fin, on le place entre deux feuilles de papier de cuisson et on l'aplatit au rouleau à pâtisserie.
- Si on coupe soi-même le carpaccio, on emballe la viande dans un film alimentaire, on la place au congélateur 1 h avant de trancher de fines lamelles au couteau. C'est tout de suite plus précis.
- On dépose la viande sur des assiettes froides citronnées.

Idées gourmandes

- On connaît le **gravlax** de saumon ; celui de bœuf est insolite :

  On le prépare pour au moins 8 personnes. Il faut un bocal en verre avec couvercle pouvant contenir un rôti dans le filet de 1 kg. On l'y dépose, on ajoute 5 cuil. à soupe de sucre en poudre, 3 cuil. à soupe de gros sel de Guérande, 1 étoile de badiane, du gingembre frais râpé, le zeste de 1 citron, 2 gousses d'ail, 5 cl de sauce soja, 1 piment oiseau ou d'Espelette, 3 cuil.

à soupe d'huile d'olive. On ferme le bocal, on secoue en tous sens pour bien mélanger. On met au réfrigérateur pendant 36 h. On sort la viande, on l'essuie, on la poêle à l'huile d'olive sur toutes les faces. Refroidie, on la tranche finement, on parsème de parmesan et de basilic.

- On ne résiste pas au **fondant de paleron** :

  On fait couper par le boucher des tranches de paleron de 1 cm d'épaisseur. On tapisse d'oignons émincés le fond d'une cocotte, on les couvre de tranches de paleron, on ajoute une couche de tomates pelées, épépinées, coupées en morceaux, on parsème de câpres. On continue – oignons, tomates, paleron, câpres... – jusqu'à ce que la cocotte soit emplie aux 3/4. Soit on cuit 3 h sur feu doux soit au four 15 min à 180 °C (th. 6) puis 3 h à 120 °C (th. 4).

LE VEAU

Le préparer, le cuisiner

- Important : le veau ne doit pas subir de chocs de température. Une chaleur trop brusque en début de cuisson durcit la viande, on démarre à feu doux.
- On sort la viande du réfrigérateur 1 h avant de la cuire, on démarre la cuisson d'un **rôti** dans une cocotte tiède, on cuit doucement 1 h 30, on arrose souvent, on dore à feu vif en fin de cuisson.
- Indispensable : on laisse reposer 5 à 15 min, suivant l'épaisseur et la grosseur des pièces de viande.
- On ne saisit pas les **petites pièces** – grenadins, escalopes, côtes de veau. On les laisse reposer un temps identique à celui de la cuisson.

- On choisit la **côte de veau** épaisse, dans le carré couvert. On la cuit 20 min à la poêle, assaisonnée, avec des oignons émincés. On démarre à feu doux et on poursuit à feu moyen ; on l'arrose souvent.
- On choisit un **rôti de veau** dans la noix, le quasi, l'épaule ou la longe.
- On cuisine la **blanquette** avec de l'épaule ou du paleron.
- L'**osso buco** se prépare avec le jarret en tranches. On n'oublie pas l'orange dans le bouillon. On le parsème de gremolata – persil plat, ail, zestes de citron et d'orange, le tout haché finement –, ou on l'accommode, laqué, confit, mijoté.

Idées gourmandes

- On accompagne la **côte de veau** d'une fantaisie de chef :

  On déglace les sucs de cuisson avec un peu de crème, on mixe avec des noix concassées et une touche de café fort. Sel, poivre.

- Si l'on est un cuisinier exigeant, on prépare son **fond de veau** avec des os et des bas morceaux :

  On dépose sur la plaque du four des os, des bas morceaux, carottes et oignons. On cuit 30 min à 220 °C (th. 7-8). On les plonge ensuite avec les sucs de la plaque dans 3 l de bouillon préparé avec bouquet garni, oignon, clous de girofle, sel. On cuit 4 h. On passe au chinois, on réduit à 1 l. On refroidit, on dégraisse, on congèle dans des bacs à glaçons.

- On donne du caractère à une noix ou sous-noix de veau en la badigeonnant de **sirop d'érable** et en la faisant caraméliser doucement en cocotte, à l'huile d'olive avec des petits oignons :

  On ajoute un verre d'eau, sel, poivre, on place la cocotte au four à 180 °C (th. 6) pour 40 min. On déglace avec du fond de veau, on monte au fouet la sauce au beurre froid. On goûte pour rectifier l'assaisonnement.

L'AGNEAU

Le préparer, le cuisiner

Le gigot d'agneau

◆ L'agneau d'un bon gigot n'a pas plus d'un an et la pièce ne doit pas dépasser 2,5 kg. On conserve l'os pour plus de saveur.

◆ On le met assaisonné, huilé ou beurré, dans un plat allant au four avec thym, romarin, gousses d'ail en chemise (cf. p. 9).

◆ On enfourne à 200 °C (th. 6-7) pendant 30 min et on poursuit à 180 °C (th. 6). On compte 20 min de cuisson au kilo pour une chair rosée, température à cœur de 68 °C. Le petit plus : en fin de cuisson, on force le four à 240 °C (th. 8) quelques minutes pour « croûter » la peau.

◆ Essentiel : pour que la viande se détende et soit tendre, la cuisson terminée, on laisse le gigot en attente 10 à 15 min à la sortie du four éteint, enveloppé de papier aluminium, avant de le découper. On le sert dans des assiettes chaudes.

L'épaule d'agneau

◆ L'épaule demande une cuisson longue. La basse température au four lui va bien.

◆ Sur les conseils du boucher, on laisse les os : il les sciera légèrement pour que la moelle fonde et parfume la viande. On garde la peau, les estampillages ne sont pas toxiques. On la parfume de romarin, thym, ail en chemise.

◆ On l'enfourne à 220 °C (th. 7-8) pour 20 min, on poursuit la cuisson à 140 °C (th. 4-5) pendant 2 h.

◆ *So British !* L'incontournable sauce à la menthe avec l'agneau. On la trouve dans les épiceries fines ou le rayon « étranger » des supermarchés.

La selle d'agneau

◆ On demande au boucher de désosser la selle, de la rouler avec les filets mignons. On garde les os pour parfumer la sauce.

◆ On la dore doucement à la poêle, assaisonnée. On la dépose dans un plat avec la graisse, les os, un verre d'eau.

◆ On maîtrise la cuisson au four : on enfourne à 210 °C (th. 7) pour 15 min, on baisse le four à 170 °C (th. 5-6), on continue la cuisson 15 min. On arrose souvent. On laisse reposer la viande 15 min couverte de papier aluminium.

Autres morceaux

◆ Les **panoufles**, parties libres de la selle de chaque côté des filets, sont des morceaux peu chers, à farcir ou à griller. Pour les farcir et les rouler, on demande au boucher de les affiner à la batte.

◆ Le **collier** et la **poitrine** se cuisinent à toutes les sauces. Curry, cumin, cardamome. À l'achat, on s'assure qu'ils n'ont pas une odeur forte.

Idées gourmandes

◆ L'**épaule de sept heures** cuit sans surveillance :

On la dore en cocotte à l'huile d'olive, on ajoute une ou deux branches de romarin, ail en chemise, échalotes de Simiane émincées (à défaut, échalotes allongées), zestes d'orange, coriandre, graines de lavande, sel, poivre, 1 verre de vin blanc sec. On couvre la cocotte, on enfourne pour 4 h à 120 °C (th. 4), on l'arrose et on continue la cuisson à 80 °C (th. 2-3) encore 3 h sans souci.

◆ Un boucher parfume le **carré d'agneau** en le préparant en croûte d'herbes ou d'épices :

On malaxe du beurre mou avec chapelure, pignons pilés, romarin, sauge, thym, sel et poivre. On en enduit la viande avant de la mettre au four. On varie les parfums : persil plat, estragon, cerfeuil et amandes écrasées, ou persil plat, thym et poivre concassé, ou encore ciboulette, ail pressé et graines de sésame torréfiées.

◆ On farcit des **panoufles** (1 par personne) :

On détend du pain dans du lait, on le mixe avec persil plat, oignons, sel, poivre, thym. On fait revenir 2 rognons d'agneau coupés en morceaux, on les roule dans du thym effeuillé et du romarin ciselé. Sel, poivre. On les mélange au pain. On farcit les panoufles, on les ficelle, on les fait dorer à la poêle, on les cuit au four 15 min à 210 °C (th. 7).

LE PORC

Le préparer, le cuisiner

◆ Tout se mange dans le cochon, de la tête à la queue.

◆ Sauge, ail, thym, romarin sont les saveurs préférées du porc.

◆ On renouvelle plusieurs fois l'eau de trempage du porc demi-sel. On démarre la cuisson à l'eau froide ; à l'eau bouillante la viande éclaterait.

Le rôti de porc

◆ Pour un rôti **moelleux**, on choisit les cuissons à températures douces. Soit 3 h entre 100 et 120 °C (th. 3-4), ou 2 h à 150 °C (th. 5). On arrose souvent en cours de cuisson. On dore la viande en fin de cuisson.

- Le rôti est **cuit** quand la température à cœur est de 68 °C. On éteint le four, on emballe la viande dans du papier aluminium, on laisse reposer 10 à 15 min.

Le filet de porc

- Le filet de porc sera **plus fondant** si on démarre la cuisson dans un bouillon froid, parfumé avec 2 oignons, 1 bouquet de sauge, 1 belle branche de romarin, sel, poivre. À frémissement, on compte 50 min pour 1 kg. On l'égoutte et on le fait dorer de tous côtés sous le gril du four pour lui donner une jolie couleur.

Les travers de porc

- On fait mariner les travers au moins 3 h avant de les rôtir au barbecue ou sous le gril du four dans un mélange au choix :
  – huile d'olive, jus de citron, sauge, sel, poivre ;
  – miel de lavande, jus de citron, feuilles de lavande, sel, poivre ;
  – miel, sauce soja, ail (épluché et dégermé) pressé, gingembre écrasé ;
  – miel, jus de citron, curry, poivre de Cayenne ;
  – sauce d'huître, sauce soja, ail pressé, cébettes hachées. Avec le miel on ajoute quelques gouttes de vinaigre pour une légère acidité.

- On peut aussi cuire les travers dans un bouillon puis les laquer avec une marinade avant de les griller.

Autres morceaux

- On braise ou on rôtit le **jarret**, l'**échine**, la **poitrine**, la **palette**.

- On démarre la cuisson du **filet mignon** dans la poêle tiède, on le cuit très doucement 15 min. On l'assaisonne d'un mélange sel, poivre, 4-épices. On l'arrose fréquemment. On le dore en fin de cuisson.

- Si on aime le **sucré-salé**, on le sale, on le dore à la poêle dans un peu de beurre, on l'arrose de miel liquide ou de sirop d'érable, de poivre concassé, et on le glisse au four pour 10 min à 170 °C (th. 5-6).
- Le ragoût de **joues de porc** n'a pas son pareil si on le parfume en faisant mariner la viande 24 h avec jus et zestes de citron vert, gingembre frais râpé et filet d'huile d'olive. On le cuit longtemps, doucement.
- Le **boudin**, noir ou blanc, n'éclate pas si on le pique légèrement et si on démarre la cuisson à froid. On peut aussi ôter la peau, le fariner, le poêler doucement au beurre.

Idées gourmandes

- On craque pour le « **crackling** » de porc, un plat croustillant et fondant, que l'on sert quand on est nombreux :

  On commande au boucher un morceau de poitrine de porc ou de longe – plus onéreuse –, désossé, en lui demandant de garder gras et couenne. On lui fait tracer la couenne. On met dans les fentes du gros sel et du poivre. On rôtit la viande au four à 250 °C (th. 8-9), couenne en haut, pendant 25 min. On baisse le four à 160 °C (th. 5-6) pour 2 h. On continue la cuisson 20 min à 240 °C (th. 8). On vérifie en piquant la croûte avec une fourchette qu'elle se casse facilement. Sinon, on poursuit la cuisson quelques minutes. La graisse est fondante, la couenne craque sous la dent.

- On se régale d'une **levure** de porc :

  Elle n'a pas belle allure mais c'est un morceau tendre et savoureux. On la demande au boucher : elle n'est pas souvent sur les étals. On la grille au barbecue ou au four. À la poêle, on évite les chocs de température et on la dépose dans une poêle tiède huilée ; on monte la température doucement.

On suit la recette du boucher qui la fait mariner 24 h à l'huile d'olive avec une pointe d'ail, des herbes, thym frais, basilic, sel, poivre. On la grille ensuite au four. Un délice !

LES VOLAILLES

Les choisir, les conserver

- La qualité des volailles dépend de l'alimentation et de l'élevage.
- Le **Label rouge** garantit la qualité gustative : volailles élevées en plein air ou en liberté pendant 81 jours.
- Les autres volailles étiquetées « standard » et « CCP » subissent un élevage intensif, 35 à 56 jours, dans des batteries fermées, à la lumière artificielle en continu !
- Seule la **volaille de Bresse** est AOC : élevée 100 jours, alimentée aux céréales, sans OGM.
- Le **poulet bio**, étiqueté AB, est élevé en liberté, sans pesticides ni engrais. Une vraie différence de goût, comme pour le poulet de la ferme élevé aux grains.
- Un bon poulet doit peser au moins 1,3 kg, avoir la chair lisse et ferme sans trace d'humidité.
- Le **chapon** n'est sur la table qu'une fois par an. On fait confiance à son boucher, sinon on le choisit avec soin : il doit avoir la peau satinée, sans humidité et sans aucunes traces jaunes qui peuvent être des contusions séchées.
- Une envie de **canard** ? On le choisit jeune, pas plus de 5 mois, au-delà il sera moins tendre. 2,5 à 3 kg conviennent pour 4 personnes. Le canard AOC a 3 mois et ne pèse pas plus de 2 kg. La canette est plus fine et moins grasse, elle pèse entre 1,3 et 1,7 kg.

- On achète le **foie gras de canard** sous vide, de 500 à 700 g, qualité « extra » indiquée sur l'emballage. On le choisit du Sud-Ouest, des Landes, d'Alsace, de couleur claire, rose-ivoire. On peut le congeler cru non dénervé ou cuit. On le décongèle au réfrigérateur.
- On **conserve** les volailles entières – poulet, canard, chapon – dans la partie la plus froide du réfrigérateur, 2 à 3 jours. On consomme rapidement les morceaux coupés, blancs ou cuisses.

LE CHAPON

Le préparer, le cuisiner

- On **cuit** le chapon avec précision : on le sort du froid 2 h avant de le cuire au four à 160 °C (th. 5-6), 1 h par kilo ; au-delà de 4 kg, on le plonge 30 min dans un bouillon avant de l'enfourner, la chair gardera son moelleux.
- On le **masse** avec de la graisse de canard ou du beurre pommade.
- On le **farcit** avec ses abats, des foies de canard, de la mie de pain trempée dans du lait, 1 échalote, le tout mixé avec sel, poivre, 4-épices. On ajoute dans la farce 1 tranche de foie gras « maison » coupée en morceaux. Quelques copeaux de truffe seront une gourmandise qu'on ne regrettera pas ! On coud les ouvertures.
- L'astuce, pour que la graisse et les sucs nourrissent le blanc, est de le déposer dans le plat sur une cuisse ; on le retourne sur l'autre cuisse et on termine sur le dos. On ne met ni eau ni bouillon pendant la cuisson. On l'arrose souvent avec la graisse. On déglacera la plaque avec de l'eau ou du bouillon.
- On le laisse reposer au moins 15 min four éteint, enveloppé dans du papier aluminium.

LE CANARD

Le préparer, le cuisiner

- Avant de cuire une **canette** au four à 170-180 °C (th. 5-6) pendant 45 min à 1 h suivant sa grosseur, on la dore à la poêle de tous côtés au beurre clarifié (cf. p. 8) ou à l'huile.
- On pare les **magrets** de canard avant de les poêler ou de les griller. On enlève toutes les veines, la graisse qui déborde, mais on garde la graisse du dessus. On l'incise en losanges au couteau sans atteindre la peau, on met du gros sel et du poivre concassé dans les interstices.
- Pour une cuisson parfaite, on dépose le magret côté graisse dans une poêle pas trop chaude. Compter 10 min pour une viande rosée. On le retourne 30 s à la fin. Repos quelques minutes.
- On peut aussi le poêler 6 min côté peau, vider la graisse et le remettre côté chair 4 min ; on laisse reposer 2 min.
- Un chef propose une cuisson à la poêle 2 min côté chair, suivie d'un passage au four de 7 min à 180 °C (th. 6) et un repos de 5 min.
- Les accompagnements **sucrés-salés** le valorisent :
  - pommes, coings, figues, revenus au beurre salé avec sucre, 1 pincée de sel, 4-épices, poivre, cuits doucement jusqu'à ce qu'ils soient tendres ;
  - un coulis de groseille, d'airelle ou de cassis frais ou surgelé en guise de sauce ;
  - on déglace encore le plat avec du jus d'orange, on ajoute du miel liquide, on fait réduire et on monte la sauce avec du beurre froid.
- On fait sauter dans de la **graisse de canard** des navets, du céleri-rave et des pommes de terre.

◆ Gourmand, le **foie gras** se sert sur un lit de mâche accompagné de figues fraîches, d'un chutney de mangue [cf. p. 176] ou d'un confit d'oignons [cf. p. 73].

Idées gourmandes

◆ On prépare le **foie gras mi-cuit**. C'est facile :

On le sort du réfrigérateur et de son emballage 2 h avant de le travailler. On sépare les lobes. On les déveine : on suit les grosses veines et leurs ramifications jusqu'au bout avec le dos d'un couteau économe en écrasant la chair de chaque côté sans la couper. On n'hésite pas à chercher les petites veines rouges, on ne s'inquiète pas si le foie a mauvaise allure. On reconstitue chaque lobe. On l'assaisonne : 1 cuil. à café de sel fin, 1/2 cuil. à café de poivre noir en grains de Kampot ou de Sichuan moulus, 1/4 de cuil. à café de 4-épices, 1 pincée de sucre. On assaisonne les lobes sur toutes les faces comme pour un rôti. On referme le foie. On le tasse dans une terrine, avec le poing pour évacuer l'air. On couvre d'un film, on met au réfrigérateur 24 h. On le cuit à découvert au bain-marie, dans un four classique à 130-140 °C [th. 4-5], ou dans un four à chaleur tournante à 100-120 °C [th. 3-4].

On commence à vérifier la cuisson après 20 min. Avec un thermomètre – 50 °C à cœur –, ou avec la lame d'un couteau, qu'on enfonce 10 s dans le foie : il est cuit quand la lame est à la température des lèvres. Le temps de cuisson dépend des foies et des fours. On la vérifie souvent. On ne s'inquiète pas si après 30 min la lame est à peine tiède. On patiente encore quelques minutes. Ce mode de cuisson est inratable. On laisse refroidir avant de couvrir d'un film.

On attend 3 ou 4 jours avant dégustation. Il se conserve 1 semaine.

◆ Le **foie gras poêlé**, une recette fondante et croustillante à ne pas rater :

On écroûte 4 tranches de pain d'épices, on les réduit en chapelure après les avoir passées 8 min au four à 180 °C [th. 6], puis refroidies. On coupe, dans un foie de canard cru, non déveiné et très froid, des escalopes épaisses – 80 g par personne. On les assaisonne : sel, poivre, 4-épices. On les roule dans la chapelure et on poêle ces escalopes 30 s de chaque côté dans une poêle anti-adhésive très chaude. On baisse le feu, on poursuit 1 à 2 min. On sert immédiatement. On accompagne de pommes, poires ou figues fraîches, caramélisées au beurre salé, poudrées de sucre à la cannelle, sel, poivre.

- On se laisse séduire par la recette gourmande de la **galette de pommes de terre au foie gras** d'un chef tourangeau :

  On épluche des pommes de terre charlotte, on les essuie. On les coupe à la mandoline comme des chips. On ne les lave ni les essuie pour garder l'amidon. Dans une poêle anti-adhésive, on fait fondre doucement un morceau de beurre, on couvre le fond de la poêle de pommes de terre disposées en rosace. Sel, poivre. On pose une tranche épaisse de foie gras crue assaisonné – sel, poivre, 4-épices. On recouvre de pommes de terre en rosace. On cuit à feu doux, on retourne la galette quand le dessous est doré pour croûter les pommes de terre du dessus. Le foie gras a fondu en imprégnant les pommes de terre d'un goût exquis.

LA DINDE

La préparer, la cuisiner

- On la **farcit** avec ses abats, de la mie de pain détendue dans du lait, une échalote, sel, poivre, 4-épices, des brisures de marrons et un petit morceau de foie gras qui apportera un vrai goût de Noël. Comme le font les Anglais, on peut ajouter un peu de chair avec sa peau récupérée sur les filets.
- On la masse avec du beurre mou, on sale. On la cuit comme le chapon (cf. p. 112) ou on choisit la cuisson à basse température. On

l'enfourne dans le four froid réglé à 150 °C (th. 5). À mi-cuisson on monte la température à 180 °C (th. 6) puis à 200 °C (th. 6-7) pour le dernier quart d'heure. On compte 1 h par kilo.

- On l'arrose très souvent, on la retourne une fois. Si on dispose d'un thermomètre de cuisson, il doit afficher 74 °C. Sinon on pique une cuisse : la dinde est cuite quand le jus est clair et non pas rose. On la laisse reposer 20 min dans le four éteint.
- Conviviale, servie **avec des pommes** – reinette, chantecler, boskoop – rôties doucement et longtemps dans du beurre clarifié (cf. p. 8), poudrées de sucre, sel, 4-épices.

LA PINTADE

La préparer, la cuisiner

- Toutes les **cuissons** lui vont : au four, en cocotte, pochée.
- Pour qu'elle reste moelleuse cuite **au four**, on pense à la farcir d'un petit-suisse salé, poivré, parfumé de persil plat ou de coriandre, on la couvre de papier aluminium 15 min avant la fin de la cuisson. On peut aussi l'arroser d'une tasse de bouillon de poule à la sortie du four. Une pintade de 1 kg cuit 1 h à 180 °C (th. 6).
- On la **cuisine** découpée en huit morceaux par le boucher. On les enroule de poitrine fumée finement coupée, on les dépose dans un plat. On ajoute ail, laurier, thym, romarin, 1 poignée d'olives noires, 1 filet d'huile d'olive, 1 verre de vin blanc, sel, poivre. On enfourne à 210 °C (th. 7) pour 40 min.
- **En cocotte** on la cuit entière ou en morceaux pendant environ 1 h en variant les **accompagnements** : oignons, pruneaux, raisins, citrons confits, pommes, choux.

Idée gourmande

◆ Des **suprêmes de pintade** :

On fait pocher des blancs de pintade dans un bouillon relevé : bâton de cannelle, badiane, cardamome, piment d'Espelette, poivre, ail, échalotes, sel, 1 verre de vin blanc et eau. Le bouillon s'imprègne des saveurs en 30 min. On y plonge les blancs 20 min à petit frémissement. On prépare une sauce : on mixe dans 1 louche de bouillon ail et échalotes cuits. On réduit, on monte au beurre.

LE POULET

Le préparer, le cuisiner

◆ Quand on prépare un poulet **rôti farci**, on demande au boucher de ne pas le brider et de conserver les abats. On les mixe avec herbes, thym, oignon haché, mie de pain détendue dans du lait, 1 petit-suisse ou 1 cuil. à café de crème épaisse, 4-épices, sel, poivre. Pour étoffer la farce, on ajoute des foies de volaille ou des restes de viande, jambon.

◆ On **masse** le poulet à l'huile d'olive ou au beurre pour assouplir la chair.

◆ On lui adjoint **épices** et **aromates** :
– on glisse un beurre parfumé sous la peau – coriandre hachée avec gingembre et zestes d'orange râpés ;
– ou on masse le poulet avec un mélange d'épices – coriandre, cumin, poivre concassé, cannelle, gingembre ;
– on peut aussi glisser sous la peau thym, sauge, estragon ou persil plat.

- Capital : on n'agresse pas le poulet par une chaleur trop forte. On adopte la **cuisson** à 180 °C (th. 6), la viande est plus moelleuse. On compte 25 min de cuisson par 500 g. On ajoute 1 verre d'eau ou de bouillon chaud. On le tourne de tous côtés. On arrose souvent. On laisse reposer 10 min enveloppé de papier aluminium, côté mat sur la viande.
- On peut aussi l'enfourner à froid, thermostat à 210 °C (th. 7), on baisse le four à 180 °C (th. 6) 30 min avant la fin. On compte 15 min de cuisson en plus.
- On prépare un bouillon avec la **carcasse du poulet,** pour déglacer, parfumer une sauce, cuire un risotto. On fait revenir à l'huile la carcasse et les ailerons avec carottes, oignons, branche de céleri, ail, clous de girofle, persil plat, laurier, thym, sel, poivre. On couvre d'eau, on cuit 1 h. On laisse refroidir, on passe au chinois, on congèle dans des bacs à glaçons.
- On poêle doucement dans le beurre les **blancs de poulet**, on les arrose souvent. On les sale à mi-cuisson pour qu'ils soient dorés.
- On fait sauter 5 min des restes de poulet **au wok** avec 3 gouttes d'huile de sésame, ail, sauce soja ou nuoc-mâm, gingembre, cébettes ou oignons, petits légumes. On parsème de cacahuètes grillées écrasées et de coriandre fraîche.
- En **brochettes**, on varie les marinades :
  – jus de citron vert, zestes, piment d'Espelette, 5-épices ;
  – ou huile de sésame, gingembre, graines de sésame ;
  – ou huile d'olive, soja, vinaigre balsamique, ail pressé, curcuma. On laisse mariner 1 h.

PAROLES DE CHEFS

« RESPECTER LE GOÛT, ÊTRE EN PHASE AVEC LES SAISONS SONT LES RÈGLES D'OR DE MA CUISINE. PAS DE COQUILLES SAINT-JACQUES EN ÉTÉ, PAS DE FRAISES EN HIVER ; JE M'ATTACHE À PRÉSERVER ET À METTRE EN VALEUR LA SAVEUR DES PRODUITS. »

Guillaume Sourrieu,
de L'épuisette, à Marseille

LE POISSON, LES COQUILLAGES ET LES CRUSTACÉS

LE POISSON

Le choisir, le conserver

- On interroge son poissonnier sur les provenances, les saisons, les modes de pêche. Quand c'est possible, on choisit les poissons pêchés sur nos côtes, les poissons sauvages, de ligne ou bio, de préférence aux poissons d'élevage.
- « **Biologique** » indique des poissons non traités aux antibiotiques, avec une alimentation 30 % d'origine végétale.
- Le **Label rouge** garantit le goût, la saveur, l'origine, une pêche responsable.
- Un **poisson frais** a l'œil brillant et bombé, l'ouïe rouge et non marron, sa chair est ferme, ses muqueuses transparentes, sa peau est lisse, glissante, il ne dégage aucune odeur (surtout pas celle d'ammoniaque).
- Les **filets** de poisson blanc doivent être fermes, nacrés, sans traces jaunes.
- **On se méfie** du poisson présenté ficelé en rôti (saumon, lotte) – ne serait-ce pas pour masquer une fraîcheur douteuse ?
- Si on ne souhaite pas cuisiner le poisson le jour même, on le sort du sac en plastique, on le rince, on l'essuie, on le filme, on le met au frais, on le consomme dans les 2 jours, ou 4 jours si le poissonnier l'emballe sous vide.
- On **congèle** le poisson fraîchement pêché, vidé, écaillé, tête et branchies ôtées, lavé, séché et placé dans un sac hermétique. La

décongélation se fait lentement au réfrigérateur. On peut le congeler mis en sac sous vide. On le garde 6 mois. On le décongèle en 30 min en plongeant le sac dans de l'eau tiède.

Le préparer, le cuisiner

- Habiller, écailler, dépouiller, parer, désarêter, lever les filets, ouvrir en portefeuille : le poissonnier se prête volontiers à nos demandes.
- On ne casse surtout pas l'arête d'un poisson, plat ou non. Le sang est dans l'arête, aussi, à la cuisson, on aurait des taches noires autour de la cassure.
- Au four, grillé, poché, vapeur, papillote, au sel : à chaque poisson son mode de cuisson. L'important est la précision.
- Un **poisson entier au four** – bar, dorade, lieu, turbot... – se cuit à chaleur douce. Préparé par le poissonnier, on le lave, on l'essuie, on incise la peau des deux côtés. On le badigeonne d'huile, sel, poivre, 2 feuilles de laurier. On peut le farcir d'herbes odorantes. On l'enfourne à 150 °C (th. 5). On l'arrose fréquemment.
- Précision : on compte 5 min de cuisson par centimètre d'épaisseur, à l'endroit le plus épais du poisson (filets ou poissons entiers).
- On vérifie la température avec un thermomètre (40 à 45 °C dans l'épaisseur), ou avec une lame de couteau enfoncée 10 s dans la chair. Le poisson est cuit quand la lame est à la température des lèvres ou de l'intérieur du poignet.
- Ou encore au doigt et à l'œil ! Un pavé de poisson est cuit quand la chair est ferme au toucher et opaque.
- On le laisse reposer 5 min, couvert de papier aluminium. La chaleur se diffuse dans le poisson qui continue à cuire.

- Un **filet de poisson** – lieu jaune, cabillaud, dorade – se cuit à l'unilatéral, très doucement : dans une poêle anti-adhésive à fond épais, on met 2 cuil. à soupe d'huile, 1 noisette de beurre, 1 gousse d'ail en chemise – aplatie avec la lame d'un couteau pour en faire ressortir la saveur et évacuer l'amertume –, 1 branche de thym frais, 1 feuille de laurier, sel. On dépose le poisson côté peau dans la poêle quand le beurre commence à fondre pour ne pas agresser la chair. On pique le pavé pour que la chaleur et les parfums pénètrent. On arrose souvent. Le poisson est cuit après 6 à 9 min selon son épaisseur. On laisse reposer dans la poêle 3 min avant de servir.
- La cuisson **à la vapeur** garde intact le goût du poisson. On l'arrose d'un filet de citron et d'huile d'olive, sel, poivre.
- La **cuisson en papillote** au four permet des fantaisies : aux petits légumes, aux épices, à la crème d'herbes.
- On grille entiers **au barbecue** les sardines, les rougets, les maquereaux. On les demande vidés ; le poissonnier conseille souvent de garder les écailles qui protègent la chair. On les frotte de gros sel et on les met au réfrigérateur 15 min pour raffermir la chair. On les essuie avant de les griller de 3 à 5 min de chaque côté selon leur grosseur.
- Pour une cuisson parfaite des **ailes de raie**, on démarre la cuisson doucement à l'eau froide, parfumée de laurier, thym, 1 oignon, graines de fenouil, 1 rondelle de citron, sel. Quand le bouillon frémit, on baisse le feu, on couvre à moitié. Après 3 à 5 min selon l'épaisseur, on stoppe la cuisson. On laisse refroidir le poisson dans l'eau. On le sert avec de la crème épaisse mélangée à des câpres, sel, poivre, chauffée 30 s au micro-ondes. On sert le poisson tiède en le réchauffant dans le bouillon.

LES COQUILLAGES

LES NOIX DE SAINT-JACQUES

Les choisir, les conserver

- Les noix de Saint-Jacques se consomment d'octobre à avril. Hors saison, elles sont importées ou décongelées. On les achète de préférence en coquille, c'est une garantie de fraîcheur. Si elles bâillent, on presse la coquille qui doit se refermer.
- On les conserve 3 jours dans le réfrigérateur, dans leur coquille, posées à l'endroit avec un poids dessus, ou les noix propres, séchées, dans un récipient fermé.
- On congèle les noix déposées bien à plat dans un sac de congélation.

Les préparer, les cuisiner

- On essuie les noix de Saint-Jacques avant de les saisir à feu vif dans du beurre 1 min de chaque côté, avec fleur de sel, poivre, c'est tout.
- Ou on prépare une courte sauce en déglaçant la poêle au vinaigre de cidre ou au balsamique blanc, on laisse réduire 1 min et on ajoute 1 cuil. à soupe de crème fraîche, sel, poivre.
- On les accompagne d'une fondue de poireaux [cf. p. 79] ou d'endives. Une touche de gingembre râpé ou de curry et 1 cuil. à soupe de crème feront la différence.

- Les noix se coupent facilement en **tranches fines** – environ 5 tranches par noix –, quand elles sont très froides, mais non congelées.
- On les prépare crues en **carpaccio** ou en **tartare** relevé, coupées en petits cubes, mélangées avec gingembre frais râpé, échalote hachée, jus et zeste de citron, huile d'olive, ciboulette ciselée, sel, poivre. On réserve au frais pendant 30 min, on sert avec du pain rôti à l'huile d'olive.

Idées gourmandes

- On sert le **carpaccio de Saint-Jacques** à l'assiette :

On dépose les noix lavées, séchées, finement émincées dans une assiette où l'on a versé le jus de 1 citron jaune ou vert. On arrose d'un filet d'huile d'olive, on ajoute ciboulette, fleur de sel, poivre, baies roses. On colore l'assiette avec le corail. On sert bien frais.

LES MOULES DE BOUCHOT

Les choisir, les conserver

- Les moules de bouchot sont au meilleur de leurs goût et grosseur, de juin à février.
- On les choisit fermées, la coquille luisante. Si elles bâillent, elles doivent se refermer quand on presse la coquille.
- Si on ne les cuisine pas tout de suite, on les garde 2 à 3 jours, ni lavées ni grattées, dans un récipient couvert, avec un poids dessus, dans le bas du réfrigérateur.

Les préparer, les cuisiner

- Avant de cuisiner les moules, on les gratte au couteau pour ôter les dépôts calcaires et les barbes. On les lave dans une grande quantité d'eau. On élimine celles qui flottent ou sont cassées. On ne les laisse pas tremper.

- On les prépare **en marinière** :

  On fait revenir au beurre, en cocotte, échalotes, persil plat, laurier mouillés au vin blanc, poivre ; on laisse frémir 3 min avant d'y jeter les moules. On tourne pour les imprégner, on couvre. On remue plusieurs fois. Après 4 à 5 min, on éteint le feu. La chaleur finira de les ouvrir toutes.

- Un poissonnier confie sa **recette** : il les plonge dans un bouillon relevé de légumes à ébullition, couvre, arrête le feu. Les moules s'ouvrent en douceur. Il les sert avec des frites.

- On prépare une **salade de moules** très parfumée :

  On réserve au froid une mayonnaise moutardée, ferme. On décortique, égoutte, presse délicatement des moules marinières pour évacuer l'eau. On fait une concassée de tomates égouttées. On la mélange avec les moules, la mayonnaise, du Tabasco, de la Worcestershire sauce, quelques gouttes de citron, plusieurs herbes – ciboulette, thym, basilic, estragon, citronnelle. On sert avec des toasts grillés.

Idées gourmandes

- La **mouclade** demande de la patience, mais le plaisir est au bout :

  On ouvre les moules sur feu vif avec 1 verre de vin blanc et 1 bouquet garni. Dès qu'elles s'ouvrent, on stoppe la cuisson. On dépose les demi-coquilles pleines sur la plaque du four. On fait revenir 2 petits oignons émincés ou 2 échalotes dans du beurre, on ajoute 1 louche de jus de moules filtré, 1 cuil. à café de poudre de curry, on réduit. À part, on mélange 2 jaunes d'œufs avec une louche de jus de moules et 2 cuil. à soupe de crème épaisse, on l'ajoute à la réduction. On fouette jusqu'à épaississement. On verse la sauce sur chaque moule, on saupoudre de chapelure, on fait gratiner à 220 °C (th. 7-8).

LES HUÎTRES

Les choisir, les conserver

- On oublie le dicton qui veut que l'on consomme les huîtres les mois en R. On peut aujourd'hui en acheter toute l'année. Cependant, de mi-août à septembre, elles sont laiteuses et moins agréables.
- Elles doivent être lourdes et fermées.
- Quand on les entrechoque, elles ne doivent pas sonner creux. On choisit la grosseur, de 0 – les plus grosses – à 5 – les plus petites.
- On les **conserve** 10 jours après la date de conditionnement indiquée sur la bourriche, dans le bas du réfrigérateur, entre 5 et 10 °C. On les range à plat, le couvercle sur le dessus, pour éviter la perte d'eau.

Les préparer, les cuisiner

- En ouvrant les huîtres on jette la première eau, elles en font une nouvelle que l'on garde.
- On les **sert** fraîches. Glacées, elles perdent leur goût.
- On les prépare **chaudes**, gratinées, en variant l'assaisonnement : échalotes fondues et crème, curry, piment d'Espelette, safran.

Idées gourmandes

- Des **huîtres chaudes** ! On essaie et on en redemande :

  On les ouvre, on recueille la première eau que l'on filtre. On fait fondre au beurre des échalotes émincées, on mouille avec l'eau filtrée, on réduit. On ajoute un peu de vin blanc, cidre ou champagne, on réduit à nouveau, on ajoute de la crème épaisse, poivre, pas de sel. On épaissit à petit bouillon. On dispose les huîtres sur la plaque du four en les calant droites. On met sur chaque huître 1 cuil. à café de sauce, de la chapelure, on gratine au four 7 min à 230 °C (th. 7-8).

LES CRUSTACÉS

LES CALMARS ET LES SUPIONS

Les choisir, les conserver

- On reconnaît la **fraîcheur** des supions (petites seiches) et calmars à leur fermeté, leur couleur nacrée et translucide, leur odeur de mer.
- On les **conserve** 2 jours au réfrigérateur, nettoyés dans un récipient hermétique.

Les préparer, les cuisiner

- On demande gentiment à son poissonnier de **nettoyer** les calmars ou les supions. Sinon, on se débrouille bravement : on tire sur les tentacules pour extraire l'intérieur. On conserve les tentacules et la poche d'encre et on jette le bec rond et dur, les boyaux, la tête et les yeux. On retire la plume de l'encornet. On sectionne les nageoires. On décolle la peau marron à la main ou au couteau. On rince à l'eau claire. On essuie. Ouf ! les calmars sont prêts à être cuisinés.
- On les coupe en lanières. On les cuit entre 5 et 10 min selon la grosseur, **à la poêle** ou **à la plancha**.
- On les trempe dans une pâte à **beignets** ou à **tempura** (cf. p. 74) et on les plonge dans l'huile à 160 °C.

- On peut aussi les **farcir** :
  - au chorizo, avec ail, oignon, pain rassis détendu, persil, coriandre, sel, poivre, le tout haché et lié au blanc d'œuf, avant de les cuire 15 min dans une sauce tomate maison ;
  - ou avec une brunoise de légumes revenus à l'huile d'olive – carotte, céleri, oignon, courgette, fenouil, thym, laurier, persil –, les tentacules hachés, sel, poivre. On ferme et on les fait revenir 7 min à la poêle.

Idée gourmande

- Comme on a courageusement nettoyé les calmars et gardé les poches d'encre [cf. p. 133], on prépare *la pasta al nero di seppia*, les **pâtes à l'encre de seiche** :

  On coupe les calmars et les tentacules en morceaux. On les fait revenir 15 min à l'huile d'olive, on ajoute le contenu de 2 poches d'encre. Dans une autre poêle, on a fait revenir 3 min dans de l'huile d'olive 1 oignon émincé, 2 gousses d'ail dégermées, 2 anchois à l'huile essuyés. On y ajoute les calmars et leur sauce, et 1/2 verre de vin blanc sec. On poivre. Pas de sel, les anchois s'en chargent. On cuit encore 5 min. Par ailleurs on a faire cuire des spaghettis frais al dente *: on ne les égoutte pas, on les sort de l'eau avec une pince pour les mêler aux calmars. On mouille avec une petite louche d'eau des pâtes. On parsème de persil plat ciselé, c'est prêt.*

LE CRABE ET L'ARAIGNÉE

Les choisir, les conserver

- On **achète** le tourteau ou l'araignée vivants, on demande au poissonnier des femelles si possible. C'est meilleur.
- On ne les **conserve** pas plus de 24 h dans le bas du réfrigérateur avant de les cuire. Cuits, ils peuvent attendre 2 jours.

Les préparer, les cuisiner

- On démarre la cuisson à l'eau froide. On les couvre aux 3/4 d'eau très salée – 2 poignées –, poivrée, parfumée d'une feuille de laurier. On ajoute dans l'eau 2 cuil. à soupe de vinaigre de vin rouge, l'astuce pour qu'ils ne perdent pas leurs pinces et leurs pattes. À l'ébullition, on compte 15 à 20 min de frémissement suivant la grosseur. On les sort de l'eau, on les laisse refroidir.
- Rien de meilleur qu'une bonne mayonnaise pour les apprécier.

LES CREVETTES ET LES LANGOUSTINES

Les choisir, les conserver

- L'idéal est d'**acheter** crevettes, bouquets, langoustines, gambas vivants. On vérifie qu'ils frétillent encore. Ils sont rares, chers, mais ils le valent bien.
- On vérifie la fraîcheur des grosses **crevettes cuites** vendues chez les poissonniers : elles doivent être brillantes, la tête attachée au corps, ne pas coller au toucher, ne pas sentir fort.
- On les **conserve** 2 jours au réfrigérateur dans un récipient couvert.
- On achète les crevettes **surgelées** crues, entières ou décortiquées. Celles vendues dans les supermarchés asiatiques sont délicieuses.

Les préparer, les cuisiner

- On ôte le boyau des **grosses crevettes** et des **gambas** en fendant le dessus du corps par le milieu.

- On **cuit** les crevettes, gambas, langoustines à l'eau bouillante très salée, parfumée d'une feuille de laurier : 30 s suffisent après la reprise de l'ébullition. On les refroidit aussitôt.
- On les sert avec une **rémoulade** : échalote et ciboulette hachées, un filet de jus de citron vert et le zeste, mélangés à une mayonnaise ferme.
- On fait sauter les crevettes surgelées à la poêle ou **au wok** sans décongélation pendant 6 min, ou on les plonge dans l'eau bouillante salée 5 min.
- On les cuisine **à l'asiatique**, sautées 6 min avec cébettes, gingembre frais râpé, ail, sauce soja, 1 pincée de 5-épices, basilic thaï.
- On cuit les petites **crevettes grises** en les plongeant vivantes dans de l'eau fortement salée, 10 s après la reprise de l'ébullition. On les refroidit aussitôt. On peut aussi les jeter simplement dans une poêle chaude avec une poignée de gros sel pour 3 min.

LE HOMARD

Le choisir, le conserver

- Le **homard bleu** des côtes bretonnes ou normandes est le meilleur. Le homard canadien a peu de goût, sa chair est caoutchouteuse.
- C'est au **printemps** qu'il est le meilleur.
- On ne dépasse pas 800 g. On **choisit** une femelle.
- On vérifie qu'il est bien vivace en le soulevant : il doit rester bien droit, la queue non recroquevillée.

Le préparer, le cuisiner

- Si on veut **décortiquer** facilement le corps du homard cru avant de le cuire, on le met au congélateur 15 min, la carapace se cassera facilement et on ôtera la queue entière.
- Pour le couper vivant et le cuire **au barbecue** ou **au gril**, on le coupe en deux d'un coup sec en partant des yeux vers la queue, une épreuve bien récompensée. Passé au gril, juste badigeonné d'huile d'olive ou de beurre fondu (13 à 15 min pour les pinces, 11 à 14 min pour le corps), c'est exquis !
- Avant de le **couper,** les âmes sensibles pourront tenter de l'endormir en repliant les pattes vers l'arrière et en lui caressant la tête.
- On le plonge dans de l'**eau bouillante** très salée, poivrée, avec 1 feuille de laurier. On compte 15 min à la reprise de l'ébullition pour un homard de 600 à 700 g.
- Un chef étoilé prépare une **nage aux épices** aux goûts subtils : oignons, carottes, branche de céleri, bouquet garni, ail, piment, gingembre, anis étoilé, citronnelle, coriandre, vin blanc, 2 poignées de gros sel. Même temps de cuisson qu'à l'eau. On le sert tiède avec une sauce montée au beurre dans une louche de nage passée au chinois et réduite.

LA PÂTISSERIE

LES PÂTES

Les choisir, les conserver

- On décide de la pâte à préparer en fonction de la garniture :
  - la **pâte brisée** accepte tout, salé, sucré – légumes, crèmes, fruits frais ou cuits ;
  - on choisit la **pâte sablée** ou la **sucrée** pour les crèmes, les ganaches, les fruits frais avec ou sans crème, les tartes au citron, au chocolat, les biscuits et galettes bretonnes ;
  - la **pâte feuilletée** va avec tout.
- Les pâtes sont plus fines et légères avec de la farine de type 45. Pour la pâte à pain on choisit la 55.
- Préparées à l'avance, on les **conserve** filmées, 4 ou 5 jours au réfrigérateur. On les sort 1 h avant de les travailler.
- Les **congeler**, c'est pratique. On les façonne en boule ou en carré de 250 g, ou on les met directement en moules. Elles se conservent environ 4 mois. On les cuit congelées ou on les décongèle à température ambiante.

LA PÂTE BRISÉE

La préparer, la cuisiner

- Une pâte brisée sera légère et croustillante si on utilise du **beurre froid** travaillé du bout des doigts rapidement avec la farine et le sel. On fraise (cf. p. 9) deux fois avant de la mettre en boule.

- Pour obtenir une pâte brisée **croustillante**, on la pique sans la transpercer avec un pique-vite (cf. p. 13) quand elle est étalée sur la table, puis on la retourne avant de foncer le moule. Les trous étant dessous, la vapeur d'eau s'échappera de la pâte pendant la cuisson.
- 5 min pour faire une **pâte brisée** utilisable immédiatement :

  On bat à la fourchette 100 g de beurre fondu tiède, 1 œuf, 2 cuil. à soupe d'eau, 1 pincée de sel. On incorpore petit à petit 200 g de farine. On fraise (cf. p. 9), on met en boule.

- Pour la **disposer dans le moule**, on l'enroule sur un rouleau à pâtisserie, on le place au centre du moule et on déroule tranquillement la pâte sur le fond du moule.

LA PÂTE À L'HUILE

La préparer, la cuisiner

- La pâte à l'huile se fait en un clin d'œil, à la fourchette, sans rouleau :

  Pour 250 g de pâte, on émulsionne 3 cuil. à soupe d'huile d'olive avec 3 cuil. à soupe d'eau. On mélange à la fourchette dans 200 g de farine, avec 1/2 cuil. à café de sel, poivre. On obtient une pâte souple que l'on étale à la main directement dans le moule beurré et chemisé (cf. p. 9). La tarte est prête à être garnie et à cuire. On peut parfumer la farine d'épices – cumin, coriandre, cannelle, 4-épices, curry.

- Elle va aussi bien avec le salé (quiches, tartes à la tomate, aux légumes) qu'avec le sucré (pommes, poires, coings…).

LA PÂTE SUCRÉE ET LA PÂTE SABLÉE

Les préparer, les cuisiner

- Pour ces deux pâtes, les ingrédients sont presque les mêmes mais les chefs les différencient par la façon d'intégrer les ingrédients. On respecte scrupuleusement les quantités et le déroulement d'introduction des différents ingrédients.
- On suit les conseils des grands pâtissiers : on fait la pâte sucrée avec du **beurre froid**, la pâte sablée avec du **beurre mou**. La texture finale en dépend.
- Sucrée ou sablée, on les prépare **la veille** ou au moins 3 h avant cuisson.
- **Petits plus** : un grand pâtissier utilise la poudre d'amande dans les deux pâtes, certains n'en mettent que dans la pâte sablée. Un autre pâtissier de renom mélange de la fécule de pomme de terre à la farine.
- On peut **parfumer** ces deux pâtes à la cannelle, au gingembre, au 4-épices.
- On les **étale** facilement si on les place entre deux feuilles de papier de cuisson.
- On utilise de la farine de type 45 (c'est indiqué sur les paquets), du sucre glace. C'est la garantie d'une **pâte fine**.

- On travaille vite pour obtenir une pâte facile à étaler et **croustillante**.
- Passages obligés : on sort la pâte du **réfrigérateur** 45 min avant de foncer le moule. On la remet au froid 30 min avant de la cuire.
- On les **précuit** avant de les garnir : on fonce le moule, on couvre la tarte de papier de cuisson, on le garnit de billes de cuisson ou de haricots, on enfourne à 180 °C (th. 6) pour 20 min, on enlève le papier. On garnit avant de poursuivre la cuisson 15 min.
- Pour une tarte aux **fruits frais** qui ne cuisent pas – du type fraises ou framboises –, on continue la cuisson 8 à 10 min pour dorer la pâte après avoir retiré le papier et on y dépose les fruits.
- Si on souhaite poser des **fruits juteux** sur la pâte, on l'imperméabilise en badigeonnant le fond au pinceau avec 1 blanc d'œuf battu, 10 min avant de terminer la cuisson.
- Ces deux pâtes sont fragiles : on attend que les tartes soient **froides** pour les glisser dans un plat.

La pâte sucrée

- Après plusieurs essais, on a plébiscité une pâte sucrée **trois étoiles**, pétrie à la main, prête en 8 min et qui s'étale facilement. On la prépare la veille :

> *On sort le beurre du frigo 30 min avant de travailler. On incorpore ensemble 190 g de farine avec 20 g de fécule de pomme de terre, 90 g de sucre glace, 35 g de poudre d'amande, 2 pincées de sel. On mélange intimement avec la cuillère magique (cf. p. 13). On ajoute 1 œuf battu. On mélange vite du bout des doigts. On ne s'inquiète pas si l'ensemble n'est pas lié, le beurre va s'en charger. On le coupe en petits morceaux et on pétrit toujours du bout des doigts rapidement jusqu'à obtenir une boule. On la fraise (cf. p. 9) deux ou trois fois. On l'emballe dans du film alimentaire ou du papier de cuisson, on la met au réfrigérateur pour 24 h.*

On la sort 45 min avant de foncer le moule. On l'étale entre 2 feuilles de papier de cuisson. On la pique et on la dépose dans le moule, côté piqué vers le fond. On place le moule à nouveau au réfrigérateur 30 min avant de l'enfourner pour 25 min à 180 °C (th. 6), couverte de papier de cuisson garni de billes de cuisson ou de haricots.

La pâte sablée

- On fait un **sans-faute** en suivant avec rigueur les conseils d'un grand pâtissier :
  - le beurre et tous les ingrédients doivent être à température ambiante pour être travaillés facilement ;
  - on utilise du sucre glace pour une pâte fine ;
  - on travaille vite pour que la pâte ne durcisse pas à la cuisson ;
  - on introduit chaque ingrédient dans l'ordre indiqué.

On mélange 95 g de sucre glace avec 150 g de beurre détendu à la spatule. Quand l'appareil est lisse, on ajoute 30 g de poudre d'amande et les grains de 1 gousse de vanille, 2 pincées de sel, on mélange. On ajoute 1 œuf battu à la pâte. Quand l'ensemble est amalgamé, on ajoute et pétrit rapidement du bout des doigts 220 g de farine. On forme une boule aplatie. On ne fraise pas. On enveloppe la pâte dans un film, on la met au réfrigérateur. Au moins 2 h ou, mieux, la veille.

On la sort 30 min avant de l'étaler entre 2 feuilles de papier de cuisson. Il suffira de la déposer avec la feuille du dessous dans le moule. On la cuit comme la pâte sucrée (cf. ci-dessus).

- Si on la **garnit** de crème ou de fruits frais : on la précuit 18 min, on la garnit, on termine la cuisson 15 min.

LA PÂTE FEUILLETÉE

La préparer, la cuisiner

◆ On prépare la pâte feuilletée, c'est facile. L'important est de :
- respecter les quantités ;
- utiliser de la farine fine de type 45 ;
- utiliser du bon beurre sec (cf. p. 8) et veiller à ce qu'il soit à la même température que la détrempe (cf. ci-dessous) ;
- enfermer le beurre dans un sac plastique alimentaire pour l'assouplir et le façonner en carré ;
- travailler sur une surface fraîche.

◆ Pour environ 500 g de pâte feuilletée :

On prépare à l'avance la ***détrempe*** *: c'est 250 g de farine, 50 g de beurre mou, 1 cuil. à café de sel, 12 cl d'eau. On mélange et on pétrit vite. On forme une boule qu'on aplatit légèrement au rouleau, on l'incise en surface au couteau, on l'enveloppe dans du papier sulfurisé, on met au réfrigérateur au minimum 2 h, ou la veille.*

On place en même temps au froid une plaque de beurre sec (cf. p. 8) de 250 g sortie de son emballage et enfermée dans un sac plastique d'environ 20 cm. Après le repos, on sort la pâte, on l'étale au rouleau sur un plan de travail fariné pour former un carré de 25 cm de côté. On assouplit au rouleau le beurre enveloppé pour lui donner la même consistance que la pâte, on le façonne en carré de 15 cm, on enlève le sac, on pose le beurre au centre de la pâte, en losange la pointe en haut, on replie les quatre coins de la pâte vers le milieu pour enfermer le beurre. On allonge au rouleau la pâte en hauteur avec légèreté pour arriver à environ 50 cm sur 25 cm. On plie vers soi cette bande en trois. On la fait pivoter d'un quart de tour, on étale à nouveau (50 x 25 cm), on plie en trois. On met au réfrigérateur 1 h.

La pâte est prête après avoir recommencé deux fois l'opération « allonger, plier, 1/4 de tour, réfrigérer ». On ne la met jamais en boule, on la place au frais.
On fonce un moule garni de papier de cuisson non beurré, on le place au réfrigérateur 1 h avant de la cuire. On l'enfourne pour 30 min, d'abord à 220 °C (th. 7-8), puis on baisse à 180 °C (th. 6) après 15 min. On congèle la pâte non utilisée par portion de 250 g.

◆ Un jeu d'enfant, puisqu'on maîtrise la pâte feuilletée : on ose le **mille-feuille**. Pour obtenir un feuilleté régulier à la cuisson, on place la pâte sur la plaque du four entre 2 feuilles de papier de cuisson, on couvre d'une plaque à pâtisserie ou, à défaut, d'une grille. La pâte cuira sans monter, pendant 20 à 25 min à 180 °C (th. 6). On laisse refroidir avant de découper.

LA PÂTE À CHOUX

La préparer, la cuisiner

◆ Pour obtenir des **choux gonflés**, avant d'incorporer hors du feu les œufs un par un, on assèche la pâte en la tournant longtemps dans la casserole sur le feu jusqu'à ce qu'elle ne colle plus aux parois.

◆ Dans un four traditionnel, on les cuit 10 min à 220 °C (th. 7-8), puis on baisse à 180 °C (th. 6) pour 15 min. On entrouvre la porte du four les 5 dernières min de cuisson pour éviter qu'ils retombent.

LES PÂTES À GÂTEAUX OU À BISCUITS

Les préparer, les cuisiner

- On prépare la pâte des **madeleines** la veille. On utilise du beurre noisette (cf. p. 8). On la parfume à la fleur d'oranger, au citron, au thym. On malaxe jusqu'à obtenir une pâte liée. On met impérativement la pâte au réfrigérateur. Dès la sortie du froid, on la met en moules puis au four, on cuit les madeleines 8 min à 210 °C (th. 7) ; c'est le choc de température qui les fait gonfler. On poursuit la cuisson 6 min à 180 °C (th. 6).
- Pour des **financiers** parfaits :
  - on prépare la pâte la veille ;
  - on utilise du beurre mou en morceaux ;
  - on bat légèrement les blancs à la fourchette et on ajoute 1 cuil. à soupe de miel ;
  - on beurre les moules en silicone pour le goût ;
  - on les cuit à 180 °C (th. 6).
- On prépare à l'avance les **fondants au chocolat** :
  - pour un démoulage facile, on coule la pâte en moules individuels beurrés et chemisés (cf. p. 9) ;
  - on congèle ;
  - le jour où on les sert, on les cuit 18 min à 210 °C (th. 7). On les démoule chauds mais non brûlants.
- La condition pour que les fruits confits – raisins, citrons, angélique, cerises… – ne tombent pas au fond du moule, c'est de les fariner avant de les mettre dans la pâte (cake, brioche, gâteau des rois provençal).
- La **pâte à crêpes** est plus gourmande avec du beurre noisette (cf. p. 8).

Idées gourmandes

- Les **tuiles à l'orange** sont bluffantes et faciles à réaliser :

  Mélanger 45 g de farine avec 100 g de sucre glace et 50 g d'amandes en poudre ou hachées. Ajouter le jus et le zeste râpé de 1 orange et 50 g de beurre fondu. Mettre au réfrigérateur 1 h avant de faire des petits tas espacés sur une plaque. Enfourner pour 8 à 12 min à 180 °C (th. 6). Retirer les tuiles quand elles sont dorées. Les laisser à plat ou les arrondir sur un rouleau à pâtisserie quand elles sont tièdes.

LES MACARONS

Les préparer, les cuisiner

Si on n'est pas encore au top niveau dans la confection des macarons, on suit les conseils d'un pâtissier :

- **Pour 35 à 40 macarons moyens** il faut : 100 g de blancs d'œufs, 50 g de sucre en poudre, 125 g de poudre d'amande, 200 g de sucre glace.
- On place au réfrigérateur les **blancs d'œufs**, séparés des jaunes, au moins 3 jours avant la confection de la pâte. C'est le secret d'une neige dense, indispensable pour que se forme la collerette. On les sort du froid 30 min avant de les battre. On ajoute le sucre à mi-parcours : pour 100 g de blancs, 50 g de sucre en poudre.
- On pèse les ingrédients avec **précision**. 20 g de poudre d'amande en plus ou en moins et la recette est en danger. 250 g de poudre d'amande pour 400 g de sucre glace, ou 125 g pour 200 g sont les bonnes proportions.
- On choisit les **colorants** liquides pour les teintes douces, ceux en poudre pour des teintes plus soutenues, en quantité infime. On

les ajoute aux blancs en neige quand ils sont fermes, pour qu'ils ne retombent pas.

- On mixe ensemble, pour un **mélange parfait**, la poudre d'amande et le sucre glace. Les perfectionnistes tamiseront.
- On vérifie la composition du **sucre glace**, il ne doit pas contenir de farine. 2 % d'amidon pour un bon résultat.
- On incorpore en souplesse le mélange poudre d'amande et sucre glace dans les blancs en neige, c'est le **macaronage.** On se sert d'une corne ou d'une maryse (cf. p. 13) en soulevant la pâte de bas en haut et du bord du récipient vers le centre, sans casser la neige. Le macaronage est terminé quand la préparation est brillante.
- À la **poche à douille**, on forme les macarons sur une plaque froide garnie de papier de cuisson semi-perméable, vendu dans les magasins pour professionnels.
- On **espace** régulièrement les tas de pâte. Pour plus de précision, on peut dessiner et imprimer des cercles sur un papier que l'on glissera sous le papier de cuisson. Les pâtissiers utilisent plusieurs calibres : 2,5 cm pour les petits macarons, 3,5 cm pour les moyens, 5 et 8 cm pour les gros. Quand on débute, il vaut mieux commencer par les moyens.
- Une fois formés, on les laisse « **croûter** » avant de les enfourner. Après 30 min à 1 h de repos, on pose le doigt sur le dessus du macaron : s'il s'est formé une fine pellicule et que le doigt ne colle pas, le croûtage est terminé.
- On place **2 plaques de cuisson** superposées dans le four, les macarons disposés sur celle du haut. Ainsi, la chaleur monte doucement et empêche les macarons de cuire trop vite dessous. La collerette se formera, les macarons seront moelleux.

- On **cuit** à 150 °C (th. 5), de 10 à 15 min selon leur grosseur, à chaleur tournante. Au four traditionnel, on entrouvre la porte du four avec une cuillère en bois pour évacuer l'humidité.
- À la sortie du four, on pose la plaque à plat, on soulève le papier de cuisson et on verse un peu d'**eau froide** sous le papier. Les macarons seront plus moelleux et se décolleront facilement.
- On les **garnit** de préparation froide. Avant de les consommer, on les met 12 h au réfrigérateur, couverts de papier de cuisson ou de film alimentaire : ils seront plus souples et ne prendront pas les odeurs.
- On les **conserve** 5 à 6 jours dans une boîte hermétique.
- Ils se **congèlent** très bien une fois garnis.

LA PÂTE À SUCRE

La préparer, la cuisiner

- On **décore** ses desserts avec des figurines colorées en pâte à sucre, fleurs, animaux, personnages...

  On mélange 20 g de blanc d'œuf avec 250 g de sucre glace et 1 cuil. à soupe de miel. On malaxe d'abord à la spatule, puis à la main sur un plan de travail quand la pâte est plus épaisse. On met en boule, on jette un peu de fécule ou de Maïzena sur le plan de travail, on étale au rouleau comme pour une pâte à tarte.

  Ou encore : on fait fondre 60 g de Chamallows avec 2 cuil. à soupe d'eau. On ajoute 500 g de sucre glace. On pétrit, on forme une boule. On la filme et on la réserve au froid pour s'en servir plus tard.

- On peut **colorer** cette pâte avec des colorants alimentaires.
- On improvise ses décorations ou on achète des moules en silicone pour modeler des formes.

LES CRÈMES ET LES GLAÇAGES

LA CRÈME ANGLAISE

La préparer, la cuisiner

- Le secret d'une crème anglaise inratable, c'est de ne pas la quitter des yeux pendant la **cuisson**. On mélange vivement hors du feu le lait bouillant vanillé dans la préparation jaunes-sucre. Sur feu doux, on tourne sans arrêt avec une cuillère en bois. On contrôle la cuisson en passant le doigt sur le dos de la cuillère : lorsque la trace est visible, la crème est prise. Elle ne doit pas bouillir, la température idéale de cuisson est 80 °C. On la verse dans un saladier, on pose du film alimentaire à la surface pour éviter la formation d'une peau.
- Si elle n'est plus **lisse**, c'est qu'elle a tourné. On la rattrape au mixeur plongeant, puis on la sert rapidement car elle risque de retomber.
- On ne jette pas les **blancs d'œufs**, on les passe environ 40 s au micro-ondes, on s'en servira dans une salade. Ou on les congèle (cf. p. 21).

Idée gourmande

- Comme les chefs, on la **parfume** à la verveine, au basilic, à la menthe, au thym, à l'orange, à la cannelle, au gingembre. On met dans le lait bouillant les herbes aromatiques, les zestes, les bâtons de cannelle. On filme la casserole, on laisse infuser au moins 3 h. On passe au chinois.

- On la parfume au caramel en 3 s en faisant fondre dans le lait chaud des Carambar.

LA CRÈME PÂTISSIÈRE

La préparer, la cuisiner

- Quatre règles à observer pour une crème pâtissière **sans grumeaux** :
  - dans une casserole à fond épais, on fouette les jaunes d'œufs et le sucre, on ajoute farine ou Maïzena ;
  - on fait bouillir à part le lait et la vanille, on mélange directement dans la casserole hors du feu en fouettant ;
  - on cuit à chaleur douce sans cesser de remuer avec une spatule en bois jusqu'à épaississement ;
  - on la verse dans un récipient que l'on couvre d'un film pour qu'elle ne « croûte » pas.
- La crème sera **onctueuse** si on mélange lait et crème fleurette.

LA CRÈME CHIBOUST

La préparer, la cuisiner

- La crème Chiboust est une crème pâtissière dans laquelle on a ajouté de la gélatine (10 g pour 0,5 l de lait) et incorporé une meringue italienne. Sa réussite dépend de la parfaite tenue de la meringue.
- Les **proportions** de sucre et d'eau se calculent par rapport aux blancs d'œufs : leur poids divisé par deux pour l'eau et multiplié par deux pour le sucre.
- Indispensable : on met les **blancs d'œufs** au réfrigérateur 2 h avant de les battre ou, mieux, la veille.

- On fouette les blancs d'abord à petite vitesse, pour les rompre, puis plus vite. On ajoute quelques gouttes de citron. Quand ils sont fermes, on coule le sirop en filet dans les blancs. On fouette à grande vitesse jusqu'à les tiédir.
- On **prépare le sirop** – 160 g de sucre pour 4 cl d'eau. Le thermomètre à spatule est pratique (cf. p. 14). La température ne doit pas dépasser 118 °C quand on lui incorpore les blancs montés fermes : on retire la casserole du feu quand le thermomètre affiche 116 °C. Le sirop continuera à monter de quelques degrés hors du feu et sera rapidement à la bonne température pour être mélangé aux blancs d'œufs.
- On incorpore un peu de meringue dans la crème pâtissière chaude pour la détendre et le reste en deux fois, délicatement, avec une maryse ou une corne (cf. p. 13).

AUTRES CRÈMES

Les préparer, les cuisiner

La crème Chantilly

- **6 trucs** pour une chantilly ferme :
  - on utilise un cul-de-poule en inox très propre ;
  - on prévoit des glaçons sur lesquels on posera le cul-de-poule ;
  - on place tous les accessoires et ingrédients au froid ;
  - on bat avec un fouet large à fils, à vitesse moyenne ;
  - on ajoute 1 cuil. à soupe de lait froid dans la crème fleurette entière ;
  - on met le sucre glace à la fin.

La crème brûlée

- On **parfume** une crème brûlée à la réglisse en faisant fondre 20 cachous dans la crème.
- Ou on infuse dans la crème chaude du **safran** ou des graines de **cardamome** écrasées.
- On passe **au chinois** si nécessaire avant de la cuire.

LES GLAÇAGES

Les préparer, les cuisiner

Les glaçages donnent une touche professionnelle aux gâteaux.

- La technique pour **glacer un gâteau** est de le placer sur une grille (cf. p. 16) posée sur une plaque, puis de verser le glaçage en commençant par le centre puis en allant vers les côtés jusqu'à ce que les bords du gâteau soient recouverts. On met au frais pour que le glaçage durcisse.
- Les glaçages se conservent au frais, on les tiédit au bain-marie.

Les glaçages au sucre

- On prépare un **glaçage royal** en battant à la main 2 blancs d'œufs avec 250 g de sucre glace passé au chinois et quelques gouttes de citron.
- On lui donne de la **couleur** en ajoutant quelques gouttes de colorant (liquide, en gel ou en poudre) ou du coulis maison.
- Deux gouttes d'huile de pépins de raisin donnent du **brillant** au glaçage.
- On l'étale à la spatule sur les gâteaux. Il **durcit** au froid.

◆ On fait un glaçage **parfumé aux fruits** en mélangeant simplement le sucre glace avec du jus d'orange, de citron, de cassis, de fraise.

Les glaçages au chocolat

◆ **Glaçage au chocolat** en trois façons :

> *On fait fondre le chocolat râpé dans de la crème fleurette, du beurre seul ou un mélange beurre et crème.*
>
> *Ou on mélange au batteur électrique 2 cuil. à soupe de beurre ramolli, 6 cuil. à soupe de sucre glace, 4 cuil. à soupe de poudre de cacao non sucrée, 1 cuil. à soupe de lait.*
>
> *Ou encore on prépare un sirop avec 80 g de sucre, 10 cl d'eau, 1 cuil. à café de jus de citron. À ébullition, on ajoute 150 g de chocolat noir haché. On mélange vivement.*

◆ Un coup de chalumeau, au moment de servir, sur un glaçage au chocolat, et il retrouve tout son brillant.

LE CARAMEL

Le préparer, le cuisiner

◆ Le caramel c'est facile. On suit les conseils des pâtissiers :
- on utilise une casserole en inox à fond épais, propre et sèche ;
- on tapisse la casserole de sucre en poudre, on mouille de 1 cuil. à soupe d'eau pour 50 g de sucre ;
- on cuit à feu moyen toujours à la même température ;
- on nettoie au pinceau humide les bords intérieurs de la casserole ;
- on ne touche pas au sucre avant qu'il ne se colore, en blond, puis en brun ;
- on plonge la casserole dans de l'eau froide pour stopper la cuisson ;

– on met quelques gouttes de citron si on ne veut pas qu'il durcisse.

◆ Pour faire une **sauce caramel**, on le décuit, quand il est brun, en ajoutant au fouet, hors du feu, un liquide chaud – crème fleurette bouillante ou beurre salé.

◆ On fait son **caramel liquide**, il se garde un an. On en nappe les œufs à la neige, une glace ; on le met dans un flan, une crème renversée, au fond d'un moule :

On fait fondre 250 g de sucre en poudre avec le jus de 1 citron et 5 cl d'eau. Quand le mélange devient ambré – après environ 8 à 10 min – on ajoute 10 cl d'eau tiède. On fouette pendant 2 min sur le feu. C'est prêt. On le coule dans un pot en verre et on garde au réfrigérateur.

◆ Vite faite et délicieuse la sauce au **caramel au beurre salé**, pour les tartines des enfants, napper des bananes, un gâteau de riz...

On fait fondre dans une casserole en inox 100 g de sucre en poudre avec 3 cl d'eau. On attend que le caramel prenne une belle couleur ambrée. On agite la casserole en faisant tourner le caramel. Hors du feu, on ajoute en fouettant 15 cl de crème fraîche liquide entière chauffée, puis 60 g de beurre salé (ou de beurre doux avec une belle pincée de fleur de sel). Encore 3 min, c'est prêt. Plus on le cuit, plus il sera épais.

◆ Plus gourmand : on **parfume** le sucre (avant cuisson) de cannelle, café, gingembre, thym, vanille en poudre.

◆ On fait des **décorations** au caramel sans ajout de citron – qui l'empêcherait de durcir –, en le coulant dans des formes variées sur du papier de cuisson ou, pour une coque, sur une louche huilée.

- On **caramélise des noisettes** que l'on piquera sur des fruits, des cupcakes, des glaces :

  On plante une pique en bois dans une noisette décortiquée. On la trempe dans du caramel chaud, on la pique sur une pomme de terre le temps qu'elle sèche.

Idées gourmandes

- De **fines amandes au caramel** pour les gourmands :

  On fait fondre doucement à la poêle un morceau de beurre frais. Quand il mousse, on ajoute 100 g d'amandes effilées et 3 cuil. à soupe de sucre en poudre. On enrobe les amandes de sucre et de beurre, on les tourne sans cesse jusqu'à ce qu'elles caramélisent ; attention, cela va très vite. On les dépose au fur et à mesure de la coloration sur du papier de cuisson. On les décolle à froid les unes des autres. On en couvre une glace, un parfait au café, un gâteau au chocolat ; on les croque avec un café.

LES ŒUFS À LA NEIGE

Les préparer, les cuisiner

- Bluffant ! Les œufs à la neige prennent des **couleurs** :

  On bat les œufs en neige ferme, on ajoute un peu de sucre quand ils sont fermes, puis 2 ou 3 gouttes de colorant alimentaire – rouge, jaune, bleu, vert...

- Express ! On les cuit **au micro-ondes** : on remplit aux 3/4 un petit bol de neige. On le met au four à puissance maximale pour 10 s. On surveille par la vitre quand on met le four en marche : dès que la neige déborde du bol, on stoppe la cuisson. On démoule.

◆ Si on souhaite des **formes différentes** de neige, rien de plus simple : on emballe les œufs à la neige dans un film bien fermé, en boule, petite ou grosse, en long... On cuit au bain-marie 5 min en les tournant de tous côtés.

LES FRUITS

LES FRUITS

Les choisir, les conserver

- On achète les **fruits de saison**, à maturité, de préférence sur les marchés. Ceux présentés en grande surface, souvent cueillis trop tôt, sont peu parfumés. La couleur est là, mais pas le goût ! Aussi, on ne craque pas pour des fraises, framboises, abricots, cerises en hiver.
- On consomme les **fruits juteux** rapidement après l'achat. On les conserve à température ambiante ou dans le bac à légumes du réfrigérateur pas plus de 3 jours, le froid atténue les saveurs. On les sort 30 min avant de les manger.
- Crus, on les **congèle** lavés et séchés, entiers, en morceaux, en coulis, en purée, sucrés ou non. On les décongèle 6 h au réfrigérateur.
- Les **fruits fragiles**, comme les fraises et les framboises, supportent mal la décongélation, aussi on les congèle en coulis ou en purée, sucrée ou non. On les décongèle 6 h au réfrigérateur.
- On prépare en **compote** ou en **purée** pommes, poires, abricots... avant de les congeler. Si on veut les servir froides, on les décongèle lentement au réfrigérateur. Sinon, on peut mettre le bloc à fondre doucement dans une casserole.

L'ABRICOT

Le choisir, le conserver

◆ On choisit les abricots charnus, souples, la peau lisse, mûrs. Ils ne mûrissent plus une fois cueillis. On les consomme rapidement.

◆ Les confiseurs sélectionnent le bergeron pour les **confitures**, car son amande est très parfumée.

◆ Si on les **conserve** au réfrigérateur, on les sort 1 h avant de les déguster.

◆ On les **congèle** coupés en deux sans le noyau, à plat. Une fois gelés, on place les oreillons dans des sacs de congélation fermés.

Le préparer, le cuisiner

◆ On les **lave** rapidement sous l'eau sans faire tremper. On les essuie.

◆ On n'oublie pas de casser une dizaine de noyaux pour récupérer les **amandes** : on les ajoutera à la confiture chaude avant la mise en pot.

◆ C'est **cuits** – en compote, coulis, tarte, crumble, clafoutis, confiture – que les abricots révèlent le mieux leur arôme.

◆ Pour le **coulis**, qui sert dans de nombreuses préparations, on cuit les abricots dans un sirop de sucre, on les mixe, puis on passe au chinois.

◆ On les **rôtit** doucement au beurre salé, coupés en deux, on poudre de sucre mélangé à une pincée de cannelle. On sert avec une glace à la vanille ou à l'amande.

◆ On les **poche** dans un sirop parfumé – vanille, romarin, basilic, thym, verveine, lavande, amande, kirsch, amaretto.

- On embellit un **clafoutis** en poêlant 5 min les abricots avec du beurre et du sucre, avant de garnir le moule, et on prépare la crème aux œufs en mélangeant par moitié lait et crème fleurette.
- On change la donne du **crumble** en mélangeant beurre salé, farine, sucre, amandes ou noix concassées. On précuit cette pâte 10 min au four à 180 °C (th. 6), étalée sur une plaque. On cuit 10 min à 200 °C (th. 6-7) des abricots poudrés de sucre, dans un moule beurré. On les couvre de pâte à crumble, et on cuit à nouveau 15 min.

Idée gourmande

- On parfume une **crème brûlée à l'abricot** :

  On poche 10 min des abricots coupés en deux dans un sirop où on a fait infuser 1 h des feuilles fraîches de vervcine ou des suchets. On mixe, on passe au chinois. On prépare un appareil à crème brûlée, on y mélange le coulis. On met en moules individuels, on cuit au bain-marie 15 min à 160 °C (th. 5-6). On caramélise avec de la cassonade au gril ou au chalumeau (cf. p. 14).

L'ANANAS

Le choisir, le conserver

- Qu'il soit vert, jaune ou orange, on le **choisit** au poids, lourd ; au toucher, ferme ; au bruit, sourd quand on le frappe avec la paume ; à l'odeur, agréable (surtout pas forte, ce qui indique un début de fermentation) ; à l'œil, sans taches ; au toupet, rigide (si on arrache une feuille elle doit résister légèrement) :

  – le victoria est sucré et parfumé ;

  – le cayenne est juteux ;

– d'autres **variétés** acides nécessitent un peu de sucre pour libérer leur saveur.

◆ On le **conserve** de préférence à température ambiante en surveillant qu'il ne noircisse pas, ou au réfrigérateur coupé en morceaux dans une boîte hermétique.

◆ On le **congèle** en morceaux et on le décongèle au réfrigérateur.

Le préparer, le cuisiner

◆ On **coupe** les feuilles, on le pèle et on ôte les yeux et le cœur avant de le détailler en tranches ou en morceaux pour une salade, une tarte, un gâteau.

◆ L'astuce pour le **trancher** à la mandoline en toute sécurité, après l'avoir épluché, c'est de le tenir par les feuilles enveloppées dans un torchon.

◆ Il se **marie** au gingembre, à la cannelle, aux raisins secs, à la noix de coco, mais aussi au basilic, au thym.

◆ On l'accommode en **sucré-salé** avec le porc, le gibier – faisan, sanglier, lièvre, canard –, les crevettes.

Idée gourmande

◆ On bouscule l'**ananas au sirop** :

On émince à la mandoline un ananas victoria. On prépare un sirop avec la peau lavée de l'ananas, du sucre, de l'eau, du jus de citron vert et son zeste, gingembre, bâton de cannelle, 5-épices, vanille. On passe au chinois, on réduit pour épaissir légèrement. On y fait macérer les tranches d'ananas 5 à 6 h. On dispose les lamelles sur un plat, on nappe de sirop. On sert avec une glace à la noix de coco, à la vanille ou un sorbet au citron.

LA BANANE

La choisir, la conserver

- On la **choisit** lourde, ferme, sans taches.
- On peut l'acheter verte et la laisser **mûrir** à température ambiante ou accélérer sa maturation en l'emballant dans un journal.
- La **frécinette** est petite, potelée, presque droite, sucrée et parfumée.
- Le **froid** ne lui convient pas, ni la congélation.

La préparer, la cuisiner

- **Épluchée**, elle noircit vite ; on la citronne.
- On l'**associe** :
  – dans des tartes et des clafoutis : à la rhubarbe, mangue, pomme, poire, ananas ;
  – dans des gâteaux : au chocolat, noix, noix de coco, cannelle ;
  – dans le crumble : on ajoute de la noix de coco à la pâte ;
  – au gingembre, à l'anis, à la vanille, au réglisse, au poivre.
- On l'adopte **en sauce**, mixée avec curry, coriandre, lait de coco, citron vert (jus et/ou zeste), ou poivre. À cuisiner avec du poulet, du porc, du poisson blanc.

Idées gourmandes

- En **salade de fruits** :

  On prépare un sirop de sucre – 50 cl d'eau pour 250 g de sucre –, on y fait infuser des graines de cardamome, 1 fève tonka, le jus et le zeste de 1 citron vert. On réduit jusqu'à un léger épaississement. On détaille en morceaux mangue, banane, ananas, kiwi. On nappe du sirop. On met au réfrigérateur pour au moins 1 h.

- On fait cuire **au four** à 180 °C (th. 6) des tronçons de banane dans leur peau avec des épices. C'est prêt quand la peau est noire.

LES CERISES

Les choisir, les conserver

- La **saison** est courte, de fin mai à fin juillet.
- On les **choisit** la queue verte attachée, brillantes, lisses. Mieux, on les goûte sur l'étal :
  – la **burlat** est ferme, sucrée, juteuse ;
  – la **griotte** est acide.
- On les **mange** rapidement, elles tournent vite à la chaleur. On les conserve à température ambiante ou 2 jours au réfrigérateur, mais leur goût s'atténue.
- On les **congèle** lavées, séchées, équeutées, avec ou sans noyau. On les utilise encore gelées en tarte, clafoutis, gratin.

Les préparer, les cuisiner

- Oui pour investir dans un **dénoyauteur** pour plusieurs kilos de cerises. Sinon on le fabrique : un trombone enfoncé dans un bouchon en liège. On laisse dépasser l'arrondi du trombone. On perce la cerise au niveau de la queue avec le trombone, on tire en tournant : le noyau est expulsé.

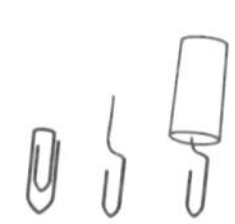

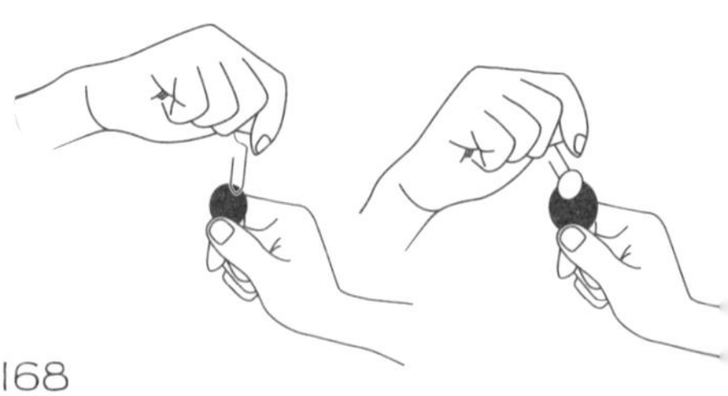

- On ne **lave** que les cerises que l'on va manger. On ne les fait pas tremper.
- On les **cuit** en coulis, compote, clafoutis, tarte, soupe, confiture.
- La cardamome, la vanille, le clou de girofle, la cannelle, la muscade, l'amande, le poivre leur vont bien, en versions **sucrées** comme **salées**.
- Elles ébouriffent le canard, le porc, le foie de veau, le boudin, le gibier. On les fait revenir au beurre, sucre, sel, poivre, on mouille d'un fond de volaille ou de veau, on réduit, on déglace au vinaigre balsamique.

Idées gourmandes

- On choisit des griottes ou des cerises anglaises pour préparer un **clafoutis** onctueux. On enrobe les cerises de sucre au fond du plat, on remplace le lait par de la crème fleurette.
- On fait revenir des cerises dénoyautées **au beurre salé**, on saupoudre de sucre, on poivre, on déglace avec un peu de sirop de cassis ou 1 cuil. à soupe de gelée de cassis. On sert avec de la glace à la pistache.

LE CITRON

Le choisir, le conserver

- Un **bon citron**, jaune ou vert, a une peau fine, il est lourd, ferme, lisse, brillant. Ceux à peau épaisse et grumeleuse sont moins juteux.
- L'étiquette « **non traité** » indique qu'il n'a subi aucun traitement fongicide après récolte. Avant, on ne sait pas. Seul le bio, un peu plus cher, est sans fongicide ni cire, avant et après récolte.

- En février-mars, on ne manque pas les **citrons de Nice** ou **de Menton**, à la saveur subtile.
- Le **citron kaffir** rond, à la peau boursouflée, est une variété asiatique utilisée dans les currys et les marinades.
- Le **yuzu**, originaire d'Asie, ressemble à un gros citron bosselé. Entre citron vert, mandarine et pamplemousse, ses saveurs sont acidulées et subtiles.
- On **conserve** les citrons jaunes 2 semaines au réfrigérateur, les verts 1 semaine.
- Coupés, ils perdent vite goût et vitamines, on les **consomme** dans les 2 jours.
- On peut **congeler le jus** dans des bacs à glaçons.

Le préparer, le cuisiner

- On **lave** toujours les citrons, traités ou non.
- Ils sont **plus juteux** utilisés à température ambiante.
- On roule à la main le **citron vert** sur le plan de travail, avant de le presser pour en extraire le jus facilement.
- On les **zeste** sans atteindre le blanc – le zist –, qui est amer.
- Il remplace le vinaigre dans les vinaigrettes, est indispensable avec les poissons et les coquillages, évite à des fruits épluchés – poire, pomme, banane, mangue, avocat – et des légumes – champignon, artichaut, pomme de terre – de noircir.
- Pas de **carpaccio** de poisson ou de viande sans citron.
- **Quelques gouttes** dans le caramel, les blancs en neige, la mayonnaise, mais pas dans la crème ni le lait, qui risquent de tourner.

- Il donne **toute sa saveur** en tarte, mousse, gelée, confiture, sorbet.
- On parfume une salade, des légumes ou une soupe de **zestes** finement prélevés au zesteur ou à la mandoline.
- On prélève les **suprêmes** [quartiers] de citron comme ceux de l'orange et du pamplemousse. On découpe la peau tout autour jusqu'à la chair, sans laisser de blanc. On détache les suprêmes de leur membrane avec une lame de couteau fine et parfaitement aiguisée.
- Si on a la chance de trouver du **yuzu** frais, on l'achète, très cher, et on ne perd rien. On fait sécher les feuilles pour des infusions. On zeste la peau très finement, sans aucun blanc, qui est très amer, pour parfumer les pâtes à gâteaux, cakes, madeleines, chocolat. On se sert du jus, il y en a très peu, pour faire une sauce acidulée avec du soja, en accord avec du poisson, des crevettes...
- On prépare un beurre avec quelques gouttes de yuzu, idéal pour poêler les noix de Saint-Jacques.

Idées gourmandes

- Une **vinaigrette d'agrumes** où les citrons sont en vedette :

  Au mixeur plongeant on émulsionne 20 g de bouillon de légumes avec les jus de 1/2 citron jaune, 1/2 citron vert, 1/2 orange, on ajoute 80 g d'huile de pépins de raisin, 1 jaune d'œuf. L'émulsion prise, on râpe les zestes des 3 agrumes dans la sauce. Elle parfume les poissons, les carpaccios, les coquillages, les salades.

- Les **citrons givrés** sans sorbetière, c'est facile :

  On évide aux 3/4 des citrons sans fendre la peau. On récupère le jus qu'on ajoute avec 1 cuil. à soupe de zestes râpés dans un sirop de sucre. On laisse infuser 1 h. On ajoute de la crème épaisse fouettée. On met au congélateur. Après 1 h, on fouette la glace à la fourchette ou au mixeur plongeant, on recommence trois fois l'opération. Quand la glace est lisse, on en garnit les citrons.

LE COING

Le choisir, le conserver

- C'est un fruit d'**automne**.
- On le **choisit** sain, jaune clair, duveteux, sans taches brunes.
- Avec ses feuilles, on le **conserve** jusqu'à Noël dans un endroit frais. Il ne se congèle pas.

Le préparer, le cuisiner

- On **coupe** sa chair, très dure, en deux, puis en quartiers avant de l'éplucher et d'ôter le cœur avec un couteau pointu.
- Cannelle, 4-épices, clou de girofle, gingembre, poivre de Sichuan, vanille, anis sont ses **épices** préférées.
- On le **sucre** en compote, seul ou avec des pommes, en crumble, tarte, pâte de fruits, chutney.
- On le cuisine **sucré-salé** avec du gibier, du boudin, des magrets, coupé en 8 morceaux, revenus au beurre salé, saupoudrés de sucre, sel, 4-épices, poivre, doucement cuits, retournés souvent jusqu'à ce qu'ils soient tendres. On le parsème d'une chapelure de pain d'épices [tranches de pain d'épices écroûtées, passées 10 min au four à 180 °C [th. 6], refroidies et mixées].

Idée gourmande

- On prépare une **gelée de coing** pour accompagner le foie gras de Noël :

On le cuit 45 min, épluché, coupé en morceaux, largement couvert d'eau, le cœur et les pépins dans une gaze. On filtre le jus au chinois, sans presser la pulpe. On pèse le jus et on ajoute 400 g de sucre en poudre pour 500 g de jus. On cuit environ 30 min jusqu'à gélification sur la cuillère. On met en pots.

LES FRUITS ROUGES

Les choisir, les conserver

- Fraises, framboises, cassis, myrtilles, groseilles sont des **fruits d'été** qu'il faut savoir attendre pour les déguster sucrés et parfumés.
- On les **choisit** en vérifiant la brillance, la couleur, la fermeté, la présence éventuelle de moisissures ou de meurtrissures.
- On s'informe de la **provenance** : les plein-champ et les bio sont les meilleurs.
- On les **consomme** rapidement ou on les **garde** 3 jours dans le bas du réfrigérateur, dans l'emballage en papier ou dans leur barquette tapissée de papier absorbant ou d'un linge, ou encore dans une boîte de conservation sous vide.
- Les baies se **congèlent** avec succès. On les lave rapidement sans les faire tremper. On ôte pédoncule, feuilles, grappe. On les sèche dans du papier absorbant. On les congèle étalées sur une plaque, soit nature, soit roulées dans du sucre, conditionnées par petites quantités dans des sacs de congélation.

- Les fraises et les framboises, quant à elles, supportent mal la décongélation, aussi on les congèle en coulis ou en purée, sucrées ou non. On les décongèle 6 h au réfrigérateur.

Les préparer, les cuisiner

- Les **fraises et framboises** cueillies du jour n'ont pas besoin d'accessoires pour être appréciées.
- Si elles ne sont pas assez **sucrées**, l'astuce est d'ajouter quelques gouttes de citron en même temps que 1 cuil. à soupe de sucre en poudre, et de réserver au réfrigérateur 10 min.
- Si on les **lave**, on le fait avant d'ôter le pédoncule.
- En **coulis**, on les mixe seules ou avec d'autres fruits rouges, avec sucre glace et jus de citron, on passe au chinois. On garde le coulis 3 à 4 jours ou on le congèle.
- Menthe, thym, basilic, estragon, marjolaine, romarin n'ont pas leur pareil pour parfumer les coulis, les confitures, les salades, les tartes et gratins.
- C'est la **pâte sucrée** qui convient le mieux aux fruits rouges. On la cuit à blanc (cf. p. 144-145) avant de la garnir.
- On fait revenir doucement 3 min au beurre salé **cassis, myrtilles, groseilles** associés à des fraises et des framboises, on poudre de sucre. On cisèle de la menthe ou du basilic, on sert avec de la crème fraîche ou de la glace à la vanille.
- Pour préparer les **confitures et gelées**, on choisit les fruits à maturité. Trop mûrs, ils ont perdu de la pectine ; pas assez mûrs, ils n'ont pas de goût. On ajoute le jus de 1 citron (la confiture prend mieux si on extrait le jus d'un citron qui a été congelé). Une cuisson courte est préférable pour conserver tout le parfum des fruits. Le Confisuc raccourcit le temps de cuisson.

Idées gourmandes

- Une **entrée audacieuse** :

  On coupe des fraises en deux ou trois, des tomates épluchées et épépinées en gros cubes, 1 betterave en dés. On ajoute sel, poivre, vinaigre balsamique blanc, basilic frais pour une salade étonnante.

- **Poêlée de fraises** :

  On fait fondre un morceau de beurre avec du sucre en poudre. Quand l'ensemble est caramélisé, on ajoute des fraises coupées en deux, on les enrobe de caramel. Après 2 min, on ajoute 1 cuil. à soupe de vinaigre balsamique. Encore 1 min de cuisson, quelques feuilles de menthe ciselées, c'est prêt ! On sert avec une crème Chiboust, ou une crème Chantilly aux fraises Tagada. (On fait fondre les fraises Tagada dans la crème fleurette entière chaude. On la passe au chinois, puis on la place au réfrigérateur avant de la monter en chantilly.)

LA MANGUE

La choisir, la conserver

- Peu importe qu'elle soit verte, jaune ou orange, c'est **au toucher** qu'on teste sa maturité. Quand on la prend en main, elle doit être lourde et lisse. On l'effleure délicatement : si la chair est souple, elle est parfaite pour une dégustation dans les deux jours. Ferme, elle est encore verte, on l'accommode en légumes. Molle, on la mixe en coulis.

- On la **conserve** à température ambiante en vérifiant chaque jour sa maturité. On accélère sa maturation en l'emballant dans un sac en papier.

La préparer, la cuisiner

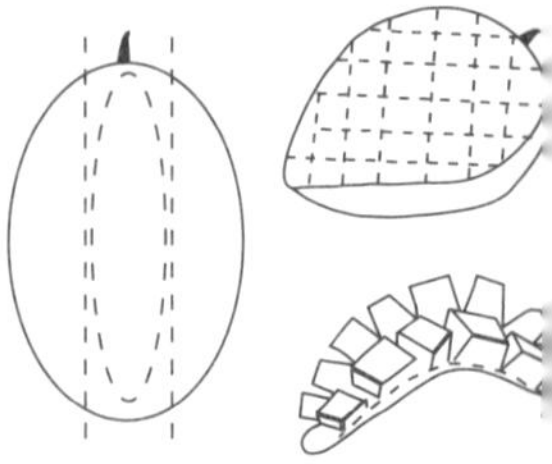

- Pour une jolie **présentation**, on la coupe en deux en longeant le noyau de chaque côté. On coupe la chair en cubes sans traverser la peau et on l'incurve pour les faire ressortir.
- Chic et rafraîchissant : on peut aussi l'éplucher entière et la couper en **carpaccio** servi avec des feuilles de menthe.
- Cannelle, vanille, cardamome, muscade, gingembre, coriandre, basilic thaï, menthe, verveine, aneth, citron vert, l'accompagnent avec esprit, en compote, coulis, bavarois, salade, chutney.
- C'est le fruit idéal pour accompagner un **curry** au lait de coco. On le choisit pas trop mûr.
- En dessert, on la **poêle** au beurre salé, poudrée de sucre et rehaussée de poivre. On sert avec une boule de glace vanille, coco, mangue, citron vert...

Idées gourmandes

- On prépare à l'avance le **chutney de mangue** pour dépayser le foie gras, les magrets de canard, ou accompagner le curry indien :

  On fait revenir dans du vinaigre de vin ou de cidre des échalotes, de l'ail dégermé, des morceaux de mangue fraîche. On poudre de sucre roux, on ajoute 1 lamelle de gingembre frais, 1 bâton de cannelle, poivre, sel, 3 gouttes de Tabasco, ou du piment d'Espelette si on l'aime relevé. On laisse compoter 1 h à feu très doux. On met en pots. On le conserve au frais 3 semaines, on stérilise 5 min à la Cocotte-Minute ou on congèle.

- Comme en Thaïlande, on ose l'association **crevettes**-mangue :

  On épluche des crevettes crues, on fait revenir et cuire têtes et carcasses dans un peu d'huile pour faire un jus. On fait revenir au wok ail, échalotes, graines de coriandre écrasées, on ajoute le jus et le zeste de 1 citron vert, le jus de crevette. On jette les crevettes décortiquées dans le wok, on saupoudre de curry plus ou moins fort, on verse 1 brique de lait de coco. Après 7 min, on ajoute les morceaux de mangue, on cuit encore 10 min. On parsème généreusement de basilic thaï ciselé.

LA POMME

La choisir, la conserver

◆ La pomme est gourmande de pesticides et engrais chimiques. Elle boit tout ce qu'on lui apporte. On **sélectionne** les pommes des petits producteurs régionaux, on privilégie les pommes de terroir, dites « rustiques » : reinette d'Armorique, boskoop, chantecler, choupette, antarès. On goûte la cox orange, la pilot, la topaz, des pommes bio, plus chères mais exceptionnelles.

◆ On les sélectionne, lisses, sans taches, fermes. On choisit la variété en fonction des préparations, et ça fait toute la différence :
- pour booster une marmelade ou une compote, on choisit des pommes chantecler, boskoop, reinette ;
- les pommes au four cuites avec leur peau seront fondantes avec la pink lady, la reine des reinettes, l'elstar ;
- la tarte Tatin se tient bien avec la royal gala, la boskoop, la reinette ou l'elstar.

◆ On les conserve quelques jours à température ambiante, jusqu'à 3 semaines à une dizaine de degrés. Si on les place au réfrigérateur, on les sort 24 h avant de les croquer ou de les cuisiner pour une saveur intacte.

◆ On ne congèle pas les pommes crues.

La préparer, la cuisiner

- On la lave toujours.
- Tout lui va : marmelade, compote, tarte, crumble, carpaccio, poêlées au beurre, au four, ou encore avec des oignons, du céleri pour accompagner le boudin, le canard ou même faire un velouté.
- Une touche de cannelle, 4-épices, muscade, curry, gingembre, vanille valorise les pommes en douceur.
- Pour embellir une **compote**, on poche des quartiers épluchés dans un sirop parfumé d'épices – gingembre, cannelle, fève tonka. On laisse refroidir. On réduit le sirop et on nappe.
- Pour magnifier une **marmelade** ou une **compote**, on cuit les pommes coupées en morceaux en casserole à l'étuvée avec un peu de sucre. On les écrase, et surtout on ajoute 1 morceau de beurre ou 1 cuil. à soupe de crème.

Idée gourmande

- Vite, une **tarte fine** !

  On fonce un moule d'une pâte brisée maison (cf. p. 142). On poudre le fond de sucre et cannelle mélangés. On range en rond des pommes reinette ou chantecler, coupées en fines lamelles. On les poudre encore de sucre et de cannelle, on parsème de copeaux de beurre salé, on cuit 30 min à 200 °C (th. 6-7), on caramélise 3 min à 220 °C (th. 7-8). On sert avec une boule de glace à la vanille.

LA POIRE

La choisir, la conserver

- Manger une bonne poire se mérite. La william d'août n'attend pas. On gère la **maturation** des plus tardives – comice, louise-bonne, passe-crassane, conférence – en les affinant à la maison. On les consomme quand elles sont souples autour du pédoncule, lourdes, sans taches brunes.
- Elles se **conservent** de 3 à 6 jours. Si on les met au réfrigérateur, on les sort 1 h avant de les déguster.
- La **congélation** à cru ne donne pas de bons résultats.

La préparer, la cuisiner

- Élémentaire : on citronne les poires épluchées et coupées pour éviter qu'elles ne noircissent.
- Ça change tout : on les **poche** dans des sirops parfumés – badiane, cannelle, clous de girofle, safran, vanille, gingembre, zeste d'orange –, ou plus subtilement dans du thé au jasmin, lotus, earl grey ou fumé. On les poche encore au vin rouge à la cannelle, badiane, réglisse, orange.
- On les aime aussi nappées de chocolat chaud ou de caramel au beurre salé (cf. p. 157), en tarte, crumble, compote.
- Indémodable : elles ont toujours leur place en **sucré-salé** avec le gibier, le foie gras, les fromages à pâte persillée (bleus, roquefort, gorgonzola).

Idée gourmande

- Note d'exotisme : on prépare un **riz au lait** avec une noix de beurre, infusé à la cardamome.

  On sert le riz au lait monté dans des cercles avec des poires comice qu'on aura cuites coupées en tranches dans un sirop parfumé avec des graines de cardamome écrasées, du gingembre, 1 bâton de cannelle, le jus de 1 citron vert. Quand elles sont tendres, on les laisse refroidir dans le sirop. On arrose le riz au lait d'un filet du sirop épaissi.

PAROLES DE CHEFS

« LES FLEURS, LEURS SAVEURS, LEURS ARÔMES ET LEURS COULEURS ONT UNE BELLE PLACE DANS MES RECETTES. BLEUETS, ROSES, VIOLETTES, SOUCIS... PARFUMENT SUBTILEMENT LES BOUILLONS ET LES PÂTISSERIES. ILS COLORENT ET APPORTENT DE LA FANTAISIE DANS LES ASSIETTES. DU BONHEUR ! »

Lydia Egloff,
de La bonne auberge, à Stiring-Wendel

TABLE DES MATIÈRES

REMERCIEMENTS

Merci à tous ces chefs pour leurs conseils, astuces, tours de main et recettes :

Benoît Delbasserue, Couleurs et saveurs, 50290 Bricqueville-sur-Mer
Valéry Drouet, auteur et styliste culinaire, Paris
Alain Duval, La ferme de Malte, 50800 Villedieu-les-Poêles
Lydia Egloff, 1 étoile, La bonne auberge, 57350 Stiring-Wendel
Marie-France Fel, La table du meunier, 13990 Fontvieille
Philippe Hardy, 1 étoile, Le mascaret, 50560 Blainville-sur-Mer
Marie-Christine Klopp, 1 étoile, La flamiche, 80700 Roye
Patrick Pégué, La mère Hamard, 37360 Semblançay
Lambert Provost, Le hamelinet, 50250 Surville
Pierre Reboul, 1 étoile, ΠR Reboul, 13100 Aix-en-Provence
Guillaume Sourrieu, 1 étoile, L'épuisette, 13007 Marseille.

Merci aux professionnels – boucher, poissonnier, maraîchers, charcutier, pâtissiers, chocolatier, primeurs – de nous avoir fait partager leurs connaissances des produits et leur savoir-faire :

Louis Brunet, chocolatier, 13100 Aix-en-Provence
Jean-Christophe Chapdelaine, maraîcher bio, 50530 La Rochelle-normande
Jean-Yves Fillatri, producteur de pommes et poires bio, 50170 Macey
Alexis Fresil, poissonnier, 50400 Granville
Henri Goirand, boucher, 13100 Aix-en-Provence
Caroline Jammet, épices, cafedecouvertes@gmail.com
Gérard Legruel, légumes anciens et agneau de pré-salé AOC, 50710 Créances
Nicolas Lejeamtel, producteur de fraises, 50870 Sainte-Pience
Olivier Philippe, charcutier, 13100 Aix-en-Provence
Nicolas et Paul Weibel, pâtissiers (calissons), 13100 Aix-en-Provence
Jean Yver, pâtissier (macarons), 50800 Granville.

Ouvrage publié sous la direction de **Laure Paoli**

Réalisation éditoriale : **Véronique Galland**
Relecture et corrections : **Alice Breuil**
Conception graphique et illustrations : **Stéphanie Le Bihan**
Mise en pages : **Bénédicte Chantalou (Yuruga)**

Éditions Albin Michel
22, rue Huyghens, 75014 Paris
www.albin-michel.fr

ISBN : 978-2-226-25046-9
N° d'édition : 21009 – N° d'impression : L67596
Dépôt légal : mars 2014
Imprimé en France par Pollina